北京阅读空间漫游指南

2019—2020

刘颖 ◎ 主编

潘启雯 杨俊康 ◎ 执行主编

徐佳星 等 ◎ 摄影

北京联合出版公司

《北京阅读空间漫游指南（2019—2020）》组委会

专家顾问团：

王子舟　徐升国　解玺璋　萨　苏　刘一达　祝　勇　朱竞若

编辑部：

主　　编：刘　颖

执行主编：潘启雯　杨俊康

摄　　影：徐佳星　等

前言 INTRODUCTION

"我一直认为：图书承载着我们的思想和想象，使它们充实人间；一个书店就是一座城市，我们日臻完善的精神自我居住其中。"这是书店职员出身的美国知名作家刘易斯·布兹比（Lewis Buzbee）在其著名的《书店的灯光》（The Yellow-Lighted Bookshop）中说的一句话，确定无疑而又简明扼要地表述了图书与书店所承载的功能，以及图书与人类、书店与人类精神的微妙关联。

书店，顾名思义，卖书的地方，听起来和饭馆、服装店、杂货铺、药店、烟酒超市、茶庄没什么不同，区别只是商品的内容。书店是书的载体，书又是文字的载体，而文字是人类精神思想的载体。于是书很自然地也就有了不同于其他商品的意义，它们凑在一起，固然不乏平庸与糟粕，但是集合起来，就是我们常常提及的那个狭义的文化了。于是，书店也成为不同于售卖普通商品的场所，而是人类共有文化的载体象征，是一个窗口、一条通路。

每个城市都有自己的阅读品位与风尚。作为有着3000年历史的文化名城,北京可谓是书店气息十分浓厚的城市。北京市近年来最鲜明的特点就是对"新型阅读空间"的打造。

什么是"新型阅读空间"?它是针对老式图书馆、书店的单一借阅、购书功能而言,包含咖啡馆、书店、休闲阅读场所、文创产品展卖等多种元素的阅读空间。它以书为媒,提供多元化公共服务,让阅读成为生活方式,也让城市别具品质、品位。

"场所精神"(Genius Loci)最早是由挪威城市建筑学家诺伯舒兹(Christian Norberg-Schulz)于1979年提出的建筑现象学的理论。其书《场所精神:迈向建筑现象学》(*Genius Loci: Towards a Phenomenology of Architecture*)指出:"场所,即人的活动之处,除了既有的具体现象,还包括了更多无形的现象,如感觉、认识等。"这些"内涵"便是场所的精神。学者吴良镛认为:"按中国人的习惯,可以称之为'场所意境'。场所通过人为的参与设计将某种情感融入场所中,产生特定的场所氛围,从而让场所产生存在的意义。"换言之,随着人性化服务理念或"场所精神"的深入人心,越来越多的阅读空间开始重视店内的装潢设计,旨在为读者提供更加舒适、惬意的购书环境。在众多设计要素中,书店的主色调尤为重要。因为色彩能"左右"人的心理,从而影响人的情绪和身心健康。

近年来,政府的扶持、民间力量的积极参与,使得度过"寒潮"的北京实体书店有望以新型阅读空间的形式迎来新一轮的"复苏"。喝咖啡、看书、买手工艺品、逛展览、听讲座,甚至看电影……未来书店或新型阅读空间被重新定义为"阅读与生活的博物馆",人们徜徉其间,流连忘返。而且现如今,北京越来越多的新型阅读空间,已跳出陈列图书的单一"卖场"模式,转身变成"好玩"的文创天地和跨界的人文美学空间。

我们策划编辑出版这本《北京阅读空间漫游指南(2019—2020)》,是为了彰显北京文化的内涵与气质。书中收录北京具有代表性的特色阅读空间、图书馆、卖场、绘本馆、社区特色图书室等与书相关的场所,为喜爱阅读的读者提供完整的北京文化漫游指南。在这里,你可以看到阅读空间的实景照片,或宁静,或温暖,或厚重,或文艺。对于各个年龄、各个职业的读书人来说,这些阅读空间都有各自的特色和可取之处。

"大而雅"的红楼公共藏书楼,读书讲座不断;"小而美"的良阅书房、圣学图书馆、门头沟区图书馆创客分馆,创意十足;"微而精"的伯鸿书店、阅谷浮生6号、樊登书店;以及隐藏于门头沟区戒台寺内、平时侧重"讲经说法"的牡丹书院,位于新华书店总店院内、主打"智慧书店"概念的城市书房,抑或是设立在平谷区博物馆内、展示中国社会一个多世纪变迁过程的世纪阅报馆……收录在这本书中的阅读空间,它们散落在北京的各个角落,不论冠以什么名字,不管在什么地方,显然都让北京市民与阅读离得更近。

目录 CONTENTS

003　前言

017　PART ONE
　　　首都功能核心区

019　东城区

020　东城区第一图书馆：交道口上的"书海听涛"
022　王府井书店&图书馆：店中有馆，馆中有店
024　角楼图书馆：从"物人事"唤起大众对北京的共同记忆
026　东城区第一图书馆东总布分馆：麻雀虽小，五脏俱全
028　涵芬楼书店：百年老社穿越时空重生在北京街头
030　字里行间·王府井店：艺术展览与实验剧场融合
031　北京库布里克书店：书店与咖啡店依附艺术电影中心而生
032　外文书店：语种众多，品种齐全，中外交流的窗口
034　中国书店·前门东大街店：带有浓厚时代元素的公共阅读空间
035　北京社科书店：科研工作者的"图书资料库"和"后书房"
036　北京世界知识书店：世界元素的汇集让"世知"无处不在

039 西城区

040　西城区第一图书馆：遵循用知识点燃希望之火的宗旨
042　西城区第二图书馆：致力于"宣南文化"的挖掘和弘扬
044　西城区青少年儿童图书馆：长期致力于普及数字文化资源
046　北京图书大厦特色阅读空间：满足各年龄层读者不同的阅读文化需求
048　百万庄文化创客空间：搭建互动性平台，扩展多样化活动
050　红楼公共藏书楼：凸显"众藏、共阅、分享"理念
052　Page One · 北京坊店："建筑中的建筑，书店中的书店"
054　中国书店 · 雁翅楼24小时店：紫禁城"保卫处"里觅书香
056　紫芳书苑：以传播中国传统文化为主旋律
057　精典博维——博空间：带有人文与艺术多种形式的阅读体验空间
058　北京金彩艺术图书馆：惠及民生并放眼国际
059　繁星戏书吧阅读空间：闹市中的文化生活休闲体验园
060　新华书店总店"城市书房"：智慧书房重构人、货、场的关系
062　城市复兴书吧：提升群众对城市治理的获得感和满意度
063　新华书店 · 永安路书店：以图书为载体、阅读为媒介
064　坊间书阁阅读空间：凸显坊间纸文化底蕴
066　白云驿站特色阅读空间：以"绿色和科技"为主题的公益驿站
068　百科 · 娜嬛书房：探寻古书之美，品味书香生活
070　正阳书局 · 砖读空间：存我文献，传我京韵
072　宣阳驿站——第二书房：从以"书"为中心转向以"人"为中心
074　海棠书斋：让"文化走进群众的生活中"
076　甲骨文 · 悦读空间：这里是书店，也是图书馆
078　甲骨文悦读 · 绽放：社区里的精神后花园
080　书香驿站：致力于文化空间营造
082　华康书店阅读空间：以生活健康类出版物为特色
083　中国新闻书店：一个没有围墙的传媒大学
084　满堂香 · 特色阅读空间：依托满堂香茶企，弘扬中国传统文化
086　北京第三十五中学 · 国学馆和鲁迅故居系列阅读空间："国书"申遗保护文化根基
088　鲁迅书店：融海派优雅与京派静穆于一体
090　乐客书站：开往美好的"图书列车"小站

093 PART TWO
城市功能拓展区

095 朝阳区

- 096 朝阳区图书馆：CBD 中的智能化图书馆
- 098 读聚时光·青少年阅读体验基地：惠民和国防的双重功能
- 100 宸冰书坊：CBD 里的文化情怀
- 102 良阅·城市书房：以"书"为核心的开放式交流空间
- 104 北京三联韬奋 24 小时书店（三里屯店）：不打烊的书山行旅
- 106 Page One·三里屯店：环境雅致，生气盎然
- 107 Page One·颐堤港店：现代感和怀旧气息相融合
- 108 SKP RENDEZ-VOUS 遇见之地书店：让文化与设计、艺术、美食相交融
- 110 朝阳城市书屋·东区儿童医院馆："阅读＋身心健康"模式
- 111 中信书店·侨福芳草地：热闹都市生活的安静一隅
- 112 中信书店·世贸天阶店：世贸天阶商圈的舒适角落
- 113 中信书店·中海环宇荟店：走入企业、服务企业的优秀代表门店
- 114 中信书店·合生汇店："庭院式书店"设计理念打造的场景书店
- 116 言 YAN BOOKS：为城市中有共同喜好的读者建立情感联结
- 118 蒲蒲兰绘本馆：让孩子每次来都有新鲜感
- 120 机遇空间：丰富的知识沙龙，多种多样的品牌活动
- 122 ART+798 艺术阅读空间：开创 O2O 阅读＋共享计划
- 124 言几又·今日阅读（三里屯店）：三里屯时尚达人的打卡地
- 126 言几又·今日阅读（官舍店）：让有灵且美的生活体验成为可能
- 128 湖边草书店：为爱书之人提供结交"书痴"的平台
- 129 阳曦书店：在双井地区，有广泛的知名度和美誉度
- 130 美联书院：较全面的工艺美术类阅读空间

133　海淀区

- 134　海淀区图书馆：推广"图书馆+"的阅读空间发展模式
- 136　海淀北部文化中心图书馆：斩获鲁班奖的海淀公共文化新地标
- 138　万科翡翠书院：科技精英心灵与梦想的栖息地
- 139　言几又·今日阅读（中关村店）：汇聚了当下具有代表性的时尚品牌
- 140　言几又·今日阅读（五棵松店）：华熙Live商圈的唯一文化生活体验店
- 141　外研书店·北外店：外语学习者心中的圣地
- 142　外研书店·东升科技园店：科技园里的书店数它"戏最多"
- 144　新华书店·香山24小时店：香山脚下静读书
- 145　大地书院：以地质专业图书为主，地质科普为辅
- 146　十月时光书店：日夜陪伴这座城市有梦想的年轻人
- 148　中信书店·联想店：以视觉、空间设计作为门店一大特色
- 150　纸老虎书店：有特色的文化综合体
- 151　邺架轩阅读体验书店：以"服务阅读，引领阅读"为理念

153　丰台区

- 154　丰台区图书馆：全方位开放、全方位服务的综合性公共图书馆
- 156　伯鸿书店：两三竿竹见君子，十万卷书思古人
- 158　花园书店：鸟语花香的花园式书店
- 160　北京京昆梨园书店：中国戏曲传统文化专题书店
- 161　晓阅时光阅读馆：在轻松自在的环境里迎来一天的阅读时光

163　石景山区

- 164　石景山区图书馆：高端与普惠并举，打造"书聚石景山"品牌
- 166　石景山区图书馆八宝山街道图书分馆：藏于街道文化中心的黑胶唱片图书馆
- 168　朗园Park良阅书房：京西旧货市场华丽转身成新型阅读空间
- 170　全民畅读·特钢店：破败厂房"长"出时尚阅读空间
- 172　全民畅读·郎园Park店：可以在花园里分享的阅读时光
- 174　新华尚领·新华书店网上商城阅读体验中心旗舰店：以互联网思维运营的新华旗舰
- 176　文轩云图·24小时智能书店：遍及街道的无人书店

179 PART THREE
城市发展新区

181　房山区

182　房山区图书馆：时尚便捷、智能个性的区域中心图书馆
183　房山区图书馆城关分馆：老城关的浓厚书香
184　房山区图书馆国学分馆：书声琅琅，弹琴筝，品香茗
185　小石头绘本馆：一颗小石头撬动一个大梦想
186　萤火虫童书馆：微微萤光闪耀童心

189　通州区

190　通州区图书馆：运河旁的桨声与书声
192　通州区新华书店：藏于街道文化中心的黑胶唱片图书馆
193　书香华硕阅读馆：在爱与阅读里凝结出智慧的硕果
194　希望之弦书店：欢快的田园风光主题书店
195　锦熹大运河故事书店：运河主题阅读空间

197　顺义区

198　顺义区图书馆：以人文关怀为主导，以服务创新为目标
199　顺义区新华书店：市民身边亲切温馨的"老伙计"
200　顺博时图书城：亲民走心的社区综合书城
202　爱阅休闲文化书馆：公园里的图书馆，图书馆里的公园
204　国学书香驿站（五里仓站）：社区里的"大能耐"：有事儿您说话！
205　时尚廊·Trends Lounge：创作与欣赏同步进行的复合式文艺空间
206　绘本TAXI儿童图书馆：专注儿童早期阅读推广的细分领域图书馆

209　大兴区

210　大兴区图书馆：大兴区市民家门口的文化综合体
211　大兴区新华书店：把社会效益放在首位的老字号书店
212　魏善庄镇图书馆（泓文博雅艺术馆）：带着东方艺术韵味的村镇图书馆
214　予果书店：以读书活动推广全民阅读的"最美阅读空间"
216　大兴区 24 小时智能图书馆（高米店分馆）：嘀！全天刷脸可进
217　更读书社：与有趣的灵魂对话，不舍昼夜

219　昌平区

220　昌平区图书馆：读好书，品人生
222　回 + 创业图书馆：创业者在这里能读出"回家的味道"
223　上海三联书店·微言小集：好书满满，雅集亲子
224　昌平区图书馆回龙观镇第一分馆：服务周边居民的公益图书馆
225　圣学图书馆：一块空地，一间房子，一段传奇
226　回龙观亲子小屋图书馆：用网友赠书搭建起的亲子书屋
227　雪绒花儿童服务中心：让小朋友读书像雪绒花一样自在
228　幸福树童书馆：让孩子像树一样幸福生长
229　雨枫书馆·万科馆：拥有"她"气质的书店
230　悦·学·思素质教育空间：在这里阅读、学习、思考
231　长袜子悦读空间：社区居民的第二个家
232　爱丁岛亲子悦读馆：社区儿童成长的"第三空间"
233　通达书店阅读空间：阅读获得通达人生
234　光义书店咖啡馆：聚焦"安全""舒适"和"眼界"
235　法大书店：政法大学里的学子书店

237 PART FOUR
生态涵养发展区

239　门头沟区

- 240　门头沟区图书馆：特色地方文献收藏，用于永定河文化专题研究
- 241　牡丹书院：在禅意里读一段花开的故事
- 242　门头沟区图书馆创客分馆：强化思想建设的重要阵地
- 243　门头沟法院阅读空间：内化于心，外化于行
- 244　东龙门数字文化图书馆："网络"与"图书"助居民文化跃升龙门
- 245　城子街道文化中心：无限扩展了街道图书馆的可能性

247　平谷区

- 248　平谷区新华书店：与新中国同岁的国企老字号
- 249　平谷区图书馆：道不尽"一片冰心在玉壶"
- 250　世纪阅报馆：在这里读到的不止一个世纪
- 252　阅谷浮生 6 号：综合文化活动中心
- 253　优丫漫绘本艺术生活馆：在漫画王国里爱上阅读

255　怀柔区

- 256　怀柔区图书馆：雁栖湖边的公共图书馆
- 257　怀柔区新华书店：繁华闹市中的阅读港湾
- 258　糖果儿书屋：复合型阅读空间设计
- 260　HiMaMa 亲子庄园·森林图书馆：山谷中的自然亲子阅读乐园
- 262　雨枫书馆·怀柔店：新型阅读空间
- 263　望怀社区图书馆：基层社区阅读的有效管理和活动实践案例

265 密云区

266 密云区新华书店：农村图书发行先进单位
267 密云区图书馆：综合性公共图书馆
268 密云区图书馆溪翁庄镇分馆：水库畔的小镇图书馆
269 西西弗书店·密云万象汇店：优雅的阅读环境与高质量的选书品种
270 书香校园·密云二小 & 白檀书院：从小"唤醒"心中爱读书的自己

273 延庆区

274 延庆区图书馆：平台化服务的文化中心
276 年轻书店：年轻是一种态度
277 延庆区东桑园益民书屋：村里飘满书香的文化大院
278 温泉南区东里社区图书室：阅读示范社区
279 延庆区新华书店：为延庆区群众文化生活提供有益的精神食粮
280 悠家亲子成长空间：专业亲子绘本阅读馆

283 PART FIVE
北京经济技术开发区

285 北京经济技术开发区

286 北京经济技术开发区图书馆：学校图书馆的 2.0 进化模式
288 金风大学图书馆：企业的空间设计中浸透着爱读书的灵魂
289 北汽新能源·SEED 思·享空间：上下班途中总要来翻翻
290 绘本乐园：让印刷艺术的光华留住每个孩子的笑脸
291 木杏书店：徘徊于文字，流连于自我

292 后记及鸣谢　从阅读空间出发"漫游"北京

从这里开启书香之旅

阅读空间特色福利指引

公共服务
对公众开放 Wi-Fi 等便利设施。

网红场所
具有独特的空间景观以供拍摄。

餐饮空间
内设茶饮或者轻食空间。

空间活动
场馆定期开展丰富的读者活动，如读书沙龙、研讨会等。

创意礼品
空间内销售有主题特色的文创产品、纪念品等。

休憩区域
为读者设置舒适的休憩区域。

友情提示：阅读本书之前

◎ 各图书馆、卖场、特色阅读空间等实际展出内容、开放时间等信息都有可能发生变化。

◎ 除书中标记的常规闭馆日外，各图书馆、卖场、特色阅读空间等，也有可能因更换展品、保护作品等原因临时关闭。

◎ 图片展示的各图书馆、卖场、特色阅读空间等的格局，有可能因为装修、产业升级等因素，发生相应的变化。

◎ 出行前，请先查看各图书馆、卖场、特色阅读空间等官方网站、微信公众号或者其他官方宣传资料，确认实际情况后再行决定。

◎ 本书登载的相关信息只代表 2019 年 1~4 月的情况。

上述事项敬请广大读者注意。

北京阅读空间漫游指南（2019—2020）

PART ONE
首都功能核心区

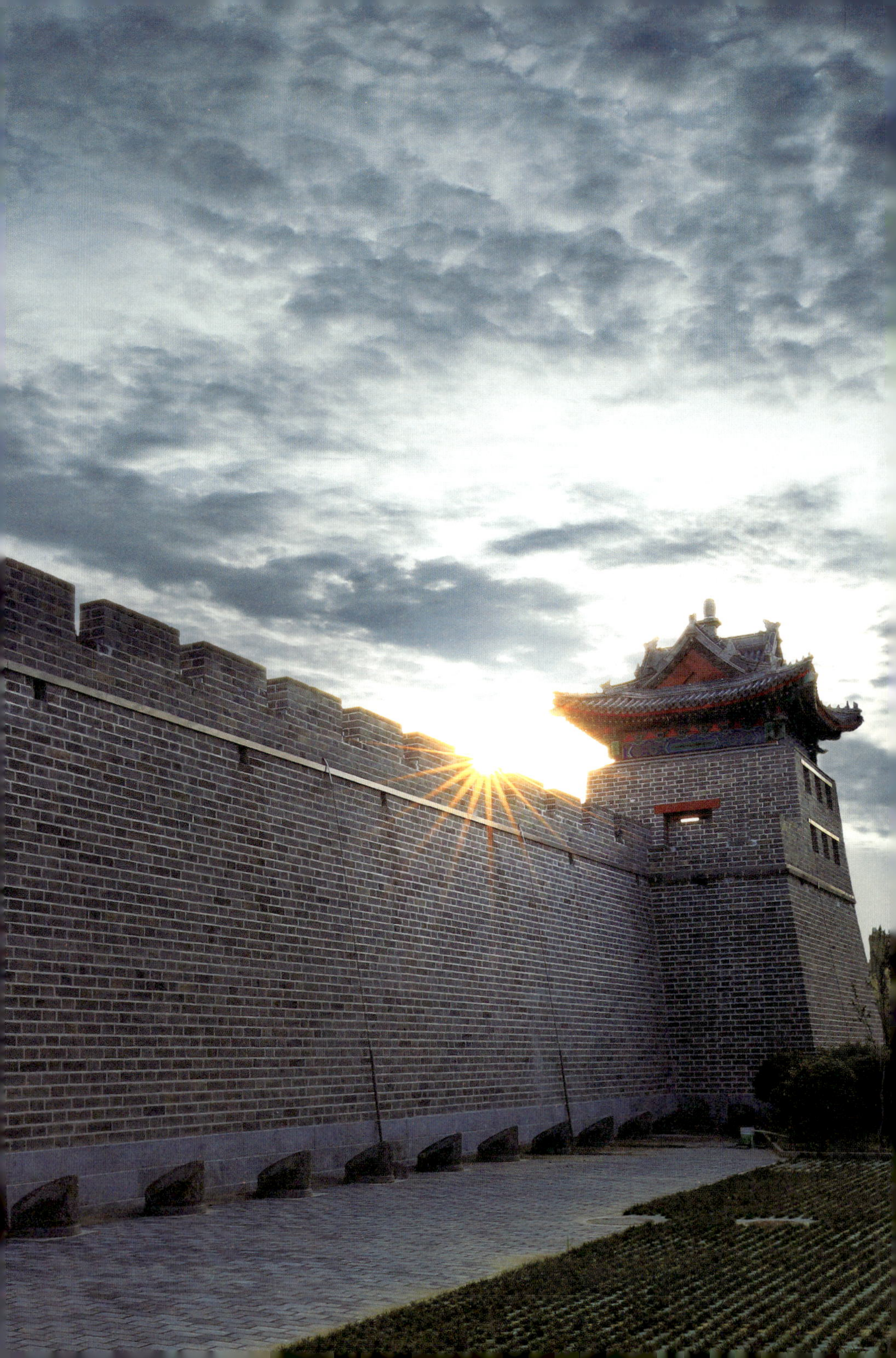

首都功能核心区·东城区

北京东城区的历史街区有18.5片，面积达10.35平方千米，占到了全区总面积的1/4，是北京全市历史文化街区最多的地区。除了拥有故宫、天坛、大运河三处世界文化遗产，国家、市、区三级文物保护单位就有160多处。

- 东城区第一图书馆
- 王府井书店&图书馆
- 角楼图书馆
- 东城区第一图书馆东总布分馆
- 涵芬楼书店
- 字里行间·王府井店
- 北京库布里克书店
- 外文书店
- 中国书店·前门东大街店
- 北京社科书店
- 北京世界知识书店

东城区第一图书馆
交道口上的"书海听涛"

　　北京市东城区第一图书馆（以下简称"东图"）成立于1956年，位于交通便利的交道口东大街85号，总面积11780平方米。是东城区政府兴办的综合性公共图书馆，是收集、整理文献，并向社会公众提供文献服务的公益性文化教育机构，是北京市精神文明先进单位。现有文献总量60余万册。馆内设有第一外借室、第二外借室、少儿借阅室、综合阅览室、外文阅览室、创意文献阅览室、地方文献阅览室、自习室、视障阅览室等10个读者服务窗口。图书馆全年365天免费开放。在服务方式上实行"零门槛、免证阅览、一卡通行"。

　　"书海听涛"是东图精心打造的文化品牌活动，它囊括了作家与读者见面会、经典诵读、古都、档案、书画、摄影、生日书香等十余个公益主题系列。利用首都名家学者资源，通过作家、学者解读名篇佳作，艺术家、读者诵读经

空间看点

01 复合型图书馆空间运营模式

02 各项活动共邀读者"书海听涛"

03 文化地理环境极为优越

典等活动推广全民阅读。走进图书馆，读者感受到的是传统文化与现代文化的交融，在这里，书香、墨香、心香，层层氤氲。

东城区第一图书馆北临国子监街，南眺文天祥祠、顺天府学，东连北京22中，西接东方文化交流中心而与文化馆、钟鼓楼相望，文化地理环境极为优越。

空间资讯

地　　址：北京市东城区交道口东大街85号
电　　话：总服务台：010-64051155 转 111
　　　　　宣传辅导部：010-64051155 转 230
开放时间：周一至周四 9:00—20:30
　　　　　周五至周日 9:00—17:00

王府井书店&图书馆
店中有馆，馆中有店

　　王府井书店始建于1949年2月10日，至今已走过70年的风雨历程。它作为中国精神文明的窗口，始终肩负着传播先进文化、丰富人民群众精神文化生活的使命。在中华人民共和国成立以来的半个多世纪里，王府井书店一直因成立最早、规模最大、品种最全、服务最好，被社会各界誉为"共和国第一店"。

　　王府井书店内配有先进的硬件设施，全面实行计算机管理，可扩大信息采集、反馈和总体管理的分析功能。及时、准确地将图书出版信息传递给读者，在经营类别上，主要以政治、经济、文教、语言、少儿、体育、文艺、画册、生活用书、科学技术、音像制品、电子出版物及进口原版图书为主，并辅以期刊、文化用品来满足读者的多种需求。

　　王府井图书馆由东城区政府、北京发行集团主办，是北京市第一次实现实体书店与图书馆的强强联合。王府井图书馆作为东城区第一图书馆在实体书店内开设的首家分馆，使书店成为图书馆的延伸，店中有馆，馆中有店，是店馆融合的典型，也是实体书店突围的新方向。

　　王府井图书馆是半开放式的设计格局，面积约100平方米，现有馆藏图书3000余册。在日常管理方面，王府井

空间看点

01 店中有馆，馆中有店

02 通透简洁，绿意盎然

03 书店里的图书馆，可"私人定制"

书店为图书馆提供书店内一至五层图书的现采销售、借还、阅览、办证、咨询、检索等服务，并根据馆藏要求免费提供图书分类、编目数据、图书加工等一系列配套服务。读者只需要凭借阅证，在规定范围内自主挑选喜欢的图书，工作人员就会把它编目收入图书馆，读者可用借阅证把这本书借回家看。这种点单式"馆配现采"的创新服务，是王府井图书馆最大的特色，堪称图书馆配书的"私人定制"，让读者直接参与图书馆的文献建设，将图书馆新书的采购权交给读者，实现了图书发行与借阅服务的无缝对接。

空间资讯

地　　址：北京市东城区王府井大街218号王府井新华书店1—6层
电　　话：010-65132842
　　　　　010-65252592
开放时间：9:30—22:00

角楼图书馆

从"物人事"唤起大众对北京的共同记忆

　　修建于1553年的北京外城东南角楼，于20世纪二三十年代自然坍塌。2016年，参照20世纪二三十年代的黑白老照片进行复建后，北京外城东南角楼再次出现在左安门护城河边，建成与明城墙角楼、前门箭楼、永定门城楼共同环绕天坛的"一坛居中、四楼环绕"历史文化景观。

　　复建后的角楼作何用途？经过多方调研，最终确定将其化身为公共图书馆，打造成为充满京味的文化景观和城市名片。2017年10月28日，角楼图书馆正式对外开馆，变身为东城区第二图书馆分馆。该图书馆古色古香，建筑面积约1160平方米。内设三层，其中，一层为主题文化活动及展览展示区，二层为图书外借与图书阅览区，三层为辅助阅览区和辅助主题活动区。

　　该图书馆平日主要围绕北京的物、北京的人、北京的事，从"阅读北京""聆听北京""艺术北京"和"品味北京"四大主题出发，重点打造"北京会客

01	**02**	**03**	空间看点
汇聚近20家读书会	"最北京"的图书馆	传播北京历史文化	

厅""非遗52日""来角图过'中国节'"和"老外爱北京"四项品牌活动,举办"文化名人开坛授课""角图星空电影院""角图里有故乡""优秀文化我传承"等活动,吸引了一批喜爱北京文化的伙伴,让人近距离地感受和学习北京历史文化,由此唤起大众对北京的共同记忆。

空间资讯

地　　址：北京市东城区龙潭东路9号
电　　话：010-80699823
开放时间：9:00—18:00

东城区第一图书馆东总布分馆

麻雀虽小，五脏俱全

东城区第一图书馆东总布分馆目前馆内配备5000余册精美绘本，占馆藏的四分之一。除绘本外，馆内配书还涉及生活、文学、艺术等全类藏书，贴合周边社区读者的需求。另配有50余种期刊，类别涵盖旅游、时事政治、财经、美食健康、育儿、军事、体育等，现刊一律可以外借，极大地满足了各类读者群的阅读需求。

东总布图书馆通过多种方式推广阅读，与读者线上线下互动良好。平日馆内阅读活动秉承"天、周、月、年不断档，亲子阅读常态化"宗旨，全年针对不同类型读者开展阅读活动，如"天天故事会""绘本之旅""父母课堂""中老年电脑讲座"等。馆内还不定期开展其他体验活动，如"细心、巧手、贴标签——孩子与妈妈走进图书馆""携手共建，感受书香——青年志愿者走进图书馆""体验木版年画过大年""阅读点亮寒假，每天读书一小时""故事宝宝新春童乐会"等，获得读者的一致好评。

01 文献入藏特色化、社区化

02 满足不同年龄层读者需求

03 创新服务机制，线上线下读者互动

空间看点

作为一家社区级公共图书馆，东城区第一图书馆东总布分馆的服务对象分为三大类：老人、小孩、上班族。三类服务对象均可在其方便的时间段到图书馆享受免证阅览、自习、免费 Wi-Fi、免费阅读活动等公共文化服务。

空间资讯

地　　址：北京市东城区东总布胡同38号
电　　话：010-65218767
开放时间：周一至周五 9:00—21:00
　　　　　周六、周日 9:00—17:00

涵芬楼书店

百年老社穿越时空重生在北京街头

"涵芬楼",1904年由张元济创办,后扩建为"东方图书馆",藏书多达46万余卷,曾为亚洲最大的图书馆,1932年毁于日军炮火。为重衔历史使命,2003年涵芬楼以现代书店的形式再现社会,它秉承商务印书馆的文化传统,以图书经营为形式,以学术薪火相传为己任,服务于学界士林。这栋风格清爽的灰白色小楼,店名牌匾由启功亲笔题写。营业面积约1800平方米,店面敞亮,格调高雅。店内对联"涵宇内大智慧,与吾邦共芬芳",独具百年老社的传统味道,无不散发着深深的人文情怀,让人感受着深厚的文化积淀,为读者构建了一座精神家园,在京城闹市区给读者提供了一个安静的书香世界。

涵芬楼书店是商务印书馆的旗舰店、形象店,以"昌明教育,开启民智"为使命,以"文化担当,社会效益"为立身之本,是直接服务中外读者的窗口,是联系学者与读者的桥梁和纽带,是繁荣学术、传播文化的平台。

书店一层以学术精品、辞书、时代热点图书、大众生活、亲子阅读等图书展示区为主,其中有600余种"汉译学术名著丛书",集西方思想文化之大成,堪称一个时代的标志;为读者提供的安静舒适的阅读体验空间形成了书籍、文化创意产品、咖啡、文化沙龙共存的多元文化空间。

涵芬楼书店专业定位为社科学术书店,依托百年学术重镇,搭建学术交流

01	02	03	空间看点
百年文脉的延续	原大原色原样《四库全书》	工具书王国	

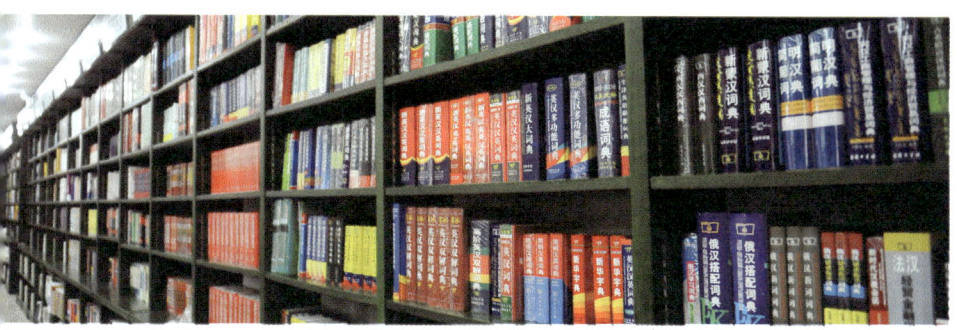

平台，服务中外读者。开业至今，已举办各类公益文化活动1000余场，读者参与量累计50万人次，现场参与活动人数最多时达200人，获得国家及市、区级奖励20余项。书店积极承担国家和北京市重点文化任务，推广全民阅读，传播正能量，获"最北京"实体书店评选前十名，连续3年获"书香中国·北京阅读季"优秀合作机构奖，并获"北京十月文学月"优秀组织奖，参与"北京惠民文化消费季"、京津冀协作等重大文化项目，成为机关、企业推广全民阅读活动的优秀合作机构和全民阅读合作分会场。

涵芬楼是首都文化地标之一和"最北京"书店，始终服务于首都文化发展，助力全国文化中心的首都核心功能定位建设，打造多元化阅读体验中心和智慧书店，展示北京特色阅读空间，彰显首都文化魅力。

空间资讯

地　　址：北京市东城区王府井大街36号
电　　话：010-65219278
　　　　　010-65595282
开放时间：夏季 9:00—21:00
　　　　　冬季 9:00—20:00

字里行间·王府井店

艺术展览与实验剧场融合

空间看点

01
独特的文艺气质

02
艺术展览与实验剧场融合

03
文化交流及美学茶空间一体的特色书店模式

空间资讯

地　址：北京市东城区王府井大街金街购物中心B2层MB233-236

电　话：010-85296985

开放时间：10:00—22:00

字里行间·王府井店于2017年12月28日开业,紧邻王府井商业街,书店面积约370平方米。幽静的环境气氛和特殊的室内设计塑造了王府井店独特的文艺气质,这种气质成了字里行间经营模式的一个重要突破口。字里行间·王府井店在继承传统书店内涵的同时,又区别于其固有模式,成为艺术展览与实验剧场融合的开放式交流平台,这里会定期举办名家画展,还会邀请专业演员参加话剧、舞蹈等演出。

北京库布里克书店

书店与咖啡店依附艺术电影中心而生

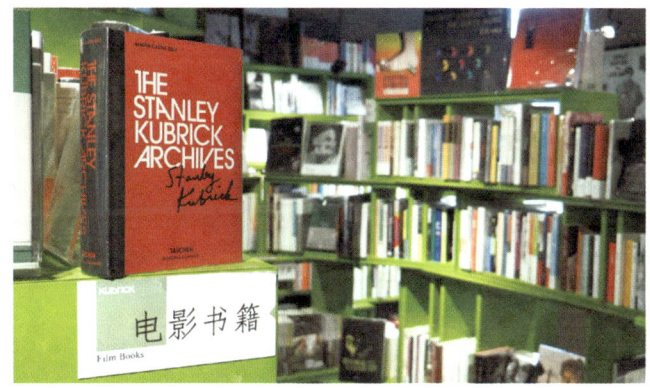

空间看点

01
从视觉、听觉到味觉，横跨数界

02
以书店和咖啡店为主

03
北京和香港文化艺术的交流平台

空间资讯

地　址：北京市东直门外香河园街北区1号院当代MOMA社区T2座底商
电　话：010-84388381
开放时间：11:00—22:00

"库布里克书店"的名称来源于美国著名电影导演斯坦利·库布里克（Stanley Kubrick）。书店与咖啡店依附艺术电影中心而生，而这两者的结合模式，从视觉、听觉到味觉横跨数界的感受，让来到这里的每一个人都可以用心体会，并发掘更多的可能。

北京库布里克书店坐落于东直门外当代MOMA社区内，以书店和咖啡店为主，融合当地文化，成为北京和香港文化艺术的交流平台。书店与不同的出版单位、艺术文化单位及个人合作，举办各种形式的展览、讲座、分享会、阅读沙龙、合作学堂，以吸引更多专业人士到来，一起创作、分享和交流。

外文书店

语种众多，品种齐全，中外交流的窗口

北京外文书店成立于1958年5月，该书店以服务读者为己任，秉承热心、探索、专业、创新的原则，向国家科研机构和各大专院校提供科技资料，为科研服务，为对外宣传服务，为不同层次的读者学习外语服务，以发行外文图书为纽带，形成了中外交流的窗口。

外文书店是北京市外文书店所属零售店之一，该书店依托北京市图书进出口有限公司进出口贸易的资源优势，与48家国际出版机构、300余家出版社长期密切合作，以展示出版社最新的出版物，使读者能够第一时间全方位阅读选购国外最新出版物。与此同时，该书店原汁原味、风格独特的进口原版儿童图书销售区使"孩子们从小就生活在双语学习的环境里"成为可能。置身其中，会使人感受到中西方文化交融的特有氛

01 位于繁华的王府井中央商业街

02 以独具特色的进口原版图书、视听产品享誉京城

03 多元文化复合型经营业态

空间看点

围；进口原版CD、发烧音乐、中西乐器、音乐理论图书形成书店另一显著特色；同时，书店以其语种众多、品种齐全为特色，多年来被广大读者、众多国际友人、外语学习爱好者所喜爱。

空间资讯

地　　址：北京市东城区王府井大街235号
电　　话：010-65126903
　　　　　010-65126911
开放时间：9:30—22:00

033

中国书店·前门东大街店
带有浓厚时代元素的公共阅读空间

空间看点

01

既坚持文化传统,又融入现代时尚元素

02

图书品种凸显老北京民俗和文化

03

提供精致的饮品和简餐

空间资讯

地　　址　北京市东城区前门东大街20号规划展览馆一层
电　　话　010-67025831
开放时间　9:00—21:00

中国书店·前门东大街店于2017年11月8日开业。该店位于北京前门东大街的北京市规划展览馆一层,这是中国书店旗下一处公共阅读空间。

该书店以既坚持文化传统又融入现代时尚元素开办的全新阅读空间,打造了一个集公共阅读、文化休闲、文化传承、文化推介四位一体,同时能够体现更多时代元素的公共阅读空间。在保持中国书店65年来形成的古籍、文史、艺术、古旧书的经营特色外,还关注到读者对休闲读物的需求,拓展多元文化产品的销售,增添了集中展示老北京民俗和文化的京味儿图书、少儿图书、各类畅销书等销售书目,以及近年来大受欢迎的故宫文创等品牌文创产品。作为一个文化休闲场所,这里还提供精致的饮品和简餐,希望让读者享受到人性化的阅读连带服务。

北京社科书店

科研工作者的"图书资料库"和"后书房"

空间看点

01

专营哲学社会科学类学术书刊的学术书店

02

立足思想前沿,传播先进知识

03

自创"贡院学人沙龙"品牌

空间资讯

地　　址:北京市东城区建国门内大街5号
电　　话:010-85195949
开放时间:9:00—17:00

北京社科书店成立于1981年,是专营哲学社会科学类学术书刊的学术书店,也是中外哲学社会科学作家、专家、学者和读者的思想驿站和精神家园,中国社会科学院科研工作者的"图书资料库"和"后书房"。书店经营宗旨是追求学术品位、立足思想前沿、传播先进知识、忠诚服务读者。成立近40年来,吸引了各大高校师生、各省社科院社科联读者、各省市外事局、各国驻华大使馆工作人员、中外读者朋友、各公司企业等老中青三代读者。依托中国社会科学院国家最高哲学社会科学学术机构和综合研究中心的专家和学者队伍,自创"贡院学人沙龙"品牌,丰富和加强与各界的合作。

北京世界知识书店

世界元素的汇集让"世知"无处不在

作为外交部下属出版社的书店,外交专业与国际关系、周边安全与军事战略是世界知识书店图书门类的一大特色。从国际问题研究、国际政治观察等学术著作,到世界历史寻踪、著名人物传记等文学作品;从环球文化旅行、各地风光图集,到世界经典译作、多语种工具类书籍;更有《世界知识》《世界知识画报》《世界博览》《英语沙龙》等杂志,吸引了很多新老读者。

被誉为"胡同里的五大洲"的世界知识书店,结合全球各地文化特色,书店内随处可见来自世界各地的工艺美术品、富有民族特点的咖啡器皿、融汇中西元素的室内设计,格架中还陈列着足球巨星罗纳尔迪尼奥赠送的签名足球、

01 多语种工具类书籍　　**02** 被誉为"胡同里的五大洲"　　**03** 融汇中西元素的室内设计

空间看点

球衣。可以说，每个细节背后都有一位中国外交官和一段中国同世界友好交往的故事。世界元素的汇集让"世知"成为这样一处多元、包容、开放的所在。

空间资讯

地　　址：北京市东城区干面胡同 51 号
电　　话：010-65265908
开放时间：8:30—17:30

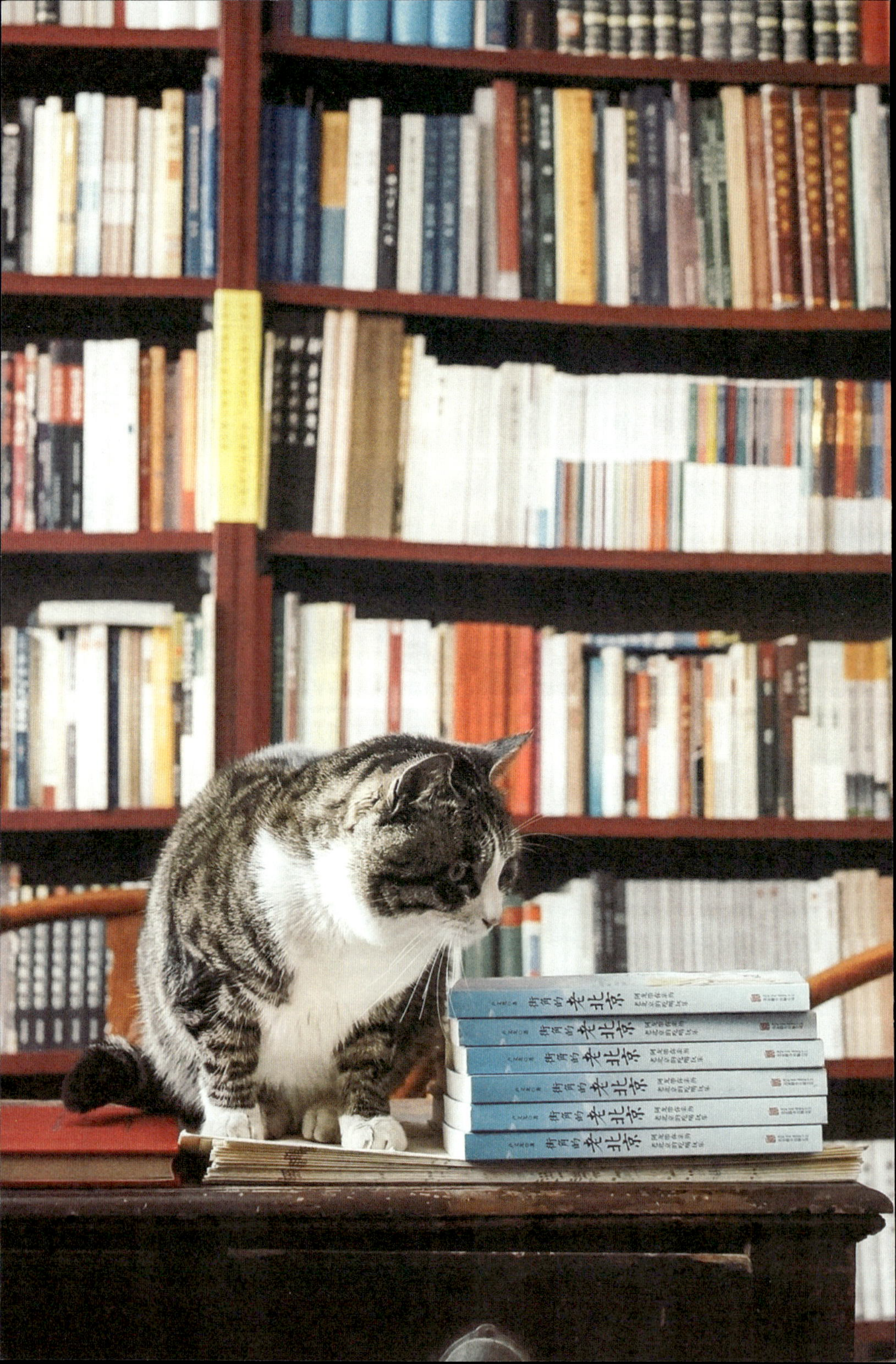
老北京

首都功能核心区·西城区

西城区位于北京中心城区西部。东以鼓楼外大街、人定湖北巷、旧鼓楼大街、地安门外大街、地安门内大街、景山东街、南长街、北长街、天安门广场西侧为界，与东城区相连；北以南长河、西直门北大街、德胜门西大街、新街口外大街、北三环中路、裕民路为界，与海淀区、朝阳区毗邻；西以三里河路、莲花池东路、马连道北路为界，与海淀区、丰台区接壤；南以永定门西滨河路、右安门东城根、右安门西城根为界，与丰台区相连。

- ◎ 西城区第一图书馆
- ◎ 西城区第二图书馆
- ◎ 西城区青少年儿童图书馆
- ◎ 北京图书大厦特色阅读空间
- ◎ 百万庄文化创客空间
- ◎ 红楼公共藏书楼
- ◎ Page One·北京坊店
- ◎ 中国书店·雁翅楼24小时店
- ◎ 紫芳书苑
- ◎ 精典博维——博空间
- ◎ 北京金彩艺术图书馆
- ◎ 繁星戏书吧阅读空间
- ◎ 新华书店总店"城市书房"
- ◎ 城市复兴书吧
- ◎ 新华书店·永安路书店
- ◎ 坊间书阁阅读空间
- ◎ 白云驿站特色阅读空间
- ◎ 百科·娜嬛书房
- ◎ 正阳书局·砖读空间
- ◎ 宣阳驿站——第二书房
- ◎ 海棠书斋
- ◎ 甲骨文·悦读空间
- ◎ 甲骨文悦读·绽放
- ◎ 书香驿站
- ◎ 华康书店阅读空间
- ◎ 中国新闻书店
- ◎ 满堂香·特色阅读空间
- ◎ 北京第三十五中学·国学馆和鲁迅故居系列阅读空间
- ◎ 鲁迅书店
- ◎ 乐客驿站

西城区第一图书馆
遵循用知识点燃希望之火的宗旨

北京市西城区第一图书馆成立于1956年，前身为北京市立图书馆西单分馆，馆址在西华门大街4号。1957年改名为北京市西单区图书馆。1958年，西单、西四两区合并为西城区，原西单区、西四区图书馆于1959年合并为北京市西城区图书馆。1999年，区政府投资建立新馆，图书馆搬迁到新址（后广平胡同26号）。2010年，西城、宣武两区合并为西城区，北京市西城区图书馆也于2013年6月正式更名为北京市西城区第一图书馆。

北京市西城区第一图书馆围绕建设"书香西城"，加大文化惠民力度，打造文化建设新格局，做实"家庭文化、社区文化、校园文化、机关文化、企业文化、军营文化"，不断丰富基层文化工作的内容和载体，牢牢把握区域文化资源优势，大力推进公共文化基础设施建设、服务体系建设，实现以文化促进区域繁荣，不断提升区域影响力。图书馆以"读者第一，服务至上，自主创新，争创一流"为愿景，遵循用知识点燃希望之火、用知识架起沟通桥梁的宗旨，

01
开放的空间，使读者与图书零距离接触

02
服务"书香西城"

03
以特色资源建设为重点，以队伍建设为保障

空间看点

以成为西城区文献借阅中心、参考咨询中心、信息交流中心、协作指导中心为工作目标，发扬人无我有、人有我优、人优我新的西图精神，通过制定以读者服务为核心、以数字化建设为指导、以传统馆藏资源建设为基础、以特色资源建设为重点、以队伍建设为保障、以提高人民的科学文化素质为己任的工作方针，为西城区文化大发展发挥重要作用。

空间资讯

地　址：北京市西城区后广平胡同 26 号
电　话：010-66561158
　　　　010-66561159
开放时间：周一 14:00—20:30
　　　　　周二至周四 9:00—20:30
　　　　　周五至周日 9:00—17:30

西城区第二图书馆
致力于"宣南文化"的挖掘和弘扬

北京市西城区第二图书馆成立于1956年,前身为前门区图书馆,2013年更名为西城区第二图书馆,是区级综合性公共图书馆,于1998年、2003年、2009年全国公共图书馆评估定级中被评定为国家一级图书馆。现馆址位于北京市西城区教子胡同8号。图书馆建筑面积约3500平方米,地上四层,地下一层。现有藏书40余万册,阅览座位560个。日平均接待读者能力800人次以上。馆内设外借部、报刊阅览室、采编部、电子阅览室、资料阅览部、少儿部、宣传辅导部、自习室等业务部室,为广大读者提供方便快捷的文献借阅服务。

西城区第二图书馆以"读者第一,服务至上"为办馆宗旨,全年365天开馆,每周开馆时间为64小时。全面贯彻《北京市图书馆条例》,积极支持街道社区、机关、学校、医院、企业、部队等各类型图书馆的建设,该馆与区属8个街道图书馆已全部加入北京市公共图书馆计算机网络系统和全市"一卡通"借阅方式。在馆外设立基层借阅点50余个,通过图书流动车,把图书送到读者手中。每年举办适合青少年的红领巾读书读报活动。举办以"宣南文化"为主题的优秀传统文化和爱国主义教育主题报告会。深入网络资源,开创共享工

01 发挥"宣南文化"特色资源优势

02 以"读者第一,服务至上"为办馆宗旨

03 传递科学信息,开发智力资源

空间看点

程宣传推广活动品牌,举办计算机知识培训班。定期编印《宣图工作通讯》《红读》专刊等出版物,反映本馆和本区图书馆事业发展状况,为党政机关提供信息服务,并与图书馆同行进行业务交流。

北京市文化局和首都图书馆非常重视西城区第二图书馆的建设,大力支持对具有深厚底蕴的"宣南文化"的挖掘和弘扬,在该馆成立了"首都图书馆宣南文化资料分馆"。

空间资讯

地　　址:北京市西城区教子胡同8号
电　　话:010-83550826
开放时间:周一至周五 9:00—18:00
　　　　　周六、周日及节假日 8:30—18:00

043

西城区青少年儿童图书馆

长期致力于普及数字文化资源

西城区青少年儿童图书馆是北京市西城区人民政府投资3000万元兴建的现代化大型公共文化设施。自1998年5月30日正式向社会开放以来，该图书馆突破传统模式，秉着"服务第一，读者至上"的理念，采取了开放式的服务方式，全部书刊开架阅览，使传统借阅服务得以优化。在此基础上，该图书馆为了吸引青少年读者，开展了不少特色活动，包括生动活泼的专家报告讲座、学生广泛参与的读书演讲、书中人物化装表演、自编报、征文比赛、知识竞赛等有利于少年儿童身心健康成长的各种宣传教育活动，在对青少年儿童进行素质教育方面取得了一定成绩，深受广大中小学生、儿童和教师、家长们的欢迎。

该图书馆作为北京市文化信息资源共享工程少儿馆支中心，长期致力于普及数字文化资源。2018年建设了少儿智慧空间，该空间是为幼儿和青少年读者打造的一个多媒体互动体验空间。在这里，小朋友们可以通过视频、声音、

01 打造"阶梯阅读空间"

02 重视加强对困难群体基本阅读需求的保障

03 推进数字阅读服务，搭建创客空间

空间看点

动画等多媒体技术的组合应用，进行全方位的视觉、听觉、触觉的高科技体验。包括体感互动学英语、VR虚拟体验、科普动漫电子视频资源等，让小朋友们在体验高科技的同时，充分绽放自己的个性，在愉快的玩乐中学习与成长。

空间资讯

地　　址：北京市西城区西直门内大街69号
电　　话：010-62237676
　　　　　010-62237667
开放时间：周一至周五 11:30—18:00
　　　　　节假日、法定假日及寒暑假 9:00—17:00

045

北京图书大厦特色阅读空间

满足各年龄层读者不同的阅读文化需求

　　北京图书大厦特色阅读空间于1998年5月18日对外营业，屹立于中国首都第一街长安街上，北邻西单繁华商圈。该阅读空间不仅是北京的地标性文化建筑，而且其市场销售额连年位居全国书城单店销售排行榜榜首，在图书零售领域独享"零售之王"的美誉。

　　该阅读空间以"全品种、全门类经营，充分展示全国出版业风貌"为市场定位，实行以图书和音像制品为主，兼以各类文化产品为辅的多元化经营模式。营业卖场全部采用超市化售书方式，信息化货位货架管理及一站式查询服务，使读者在茫茫书海中能够轻松、快捷地找到所需图书。时尚数码、文体用品、工艺礼品、儿童玩具等多元化经营项目极大地丰富和满足了读者的文化消费需求。同时，在零售的基础上，大厦还开辟了网上书店、团体购书、馆配业务、电话购书、手机WAP平台以及短信购书等多种经营服务方式，使传统零售书店外延得到了极大的延伸。丰富的图书品种、便捷的服务设施及功能，使北京图书大厦成为读者购书、休闲的首

01
屹立于中国首都第一街长安街上

02
以各类文化产品为辅的多元化经营模式

03
北京的地标性文化建筑

空间看点

选之地。

该阅读空间开业至今，定期举办新书签售、专题讲座、绘本分享会、互动体验、阅读沙龙、电影放映会等多项文化读书活动，全力打造现代化、特色化的阅读文化体验。该阅读空间提供的每一项服务内容所针对的人群都极为广泛，满足了各年龄层读者不同的阅读文化需求。

空间资讯

地　　址：北京市西城区西长安街17号
电　　话：010-66078527
开放时间：9:00—22:00

百万庄文化创客空间

搭建互动性平台，扩展多样化活动

依托工业信息出版机构——机械工业信息研究院（机械工业出版社），多年来积累了雄厚的科技信息咨询、出版资源，2016年12月1日搭建了"百万庄文化创客空间"。

该阅读空间自成立以来，充分发挥国有文化企业的带头示范作用，积极策划组织"古都文化、红色文化、京味文化和创新文化"相关主题读书活动；在原西城区文化委员会和全国中小学图书馆联盟的指导下建立和完善相关运营管理制度，保障项目的可持续发展，为首都三里河政务区及百万庄社区居民提供主题阅读相关服务。

空间为大家提供公益性阅读，免费阅览，提供便民服务（眼镜、纸、笔

空间看点

01 古都文化、红色文化、京味文化和创新文化

02 提供公益性阅读，免费阅览

03 开放式图书平台，藏书架，共享按摩椅

等），提供热水，配有绿植、空气净化器、新风系统、开放式图书平台、藏书架、共享按摩椅，以及阅读桌椅 30 余张和 Kindle 电子书阅读器，营造了温馨舒适的阅读环境。

空间资讯

地　　址：北京市西城区百万庄大街 22 号
电　　话：010-88379645
　　　　　010-88379646
开放时间：10:00—22:00

红楼公共藏书楼
凸显"众藏、共阅、分享"理念

　　红楼始建于20世纪30年代，原为红楼球社，1945年改建为影院。这座有着70多年历史的影院，曾创下骄人业绩：北京第一家宽银幕立体影院、第一家"无障碍影院"，早先最新中外影片首轮放映的最佳影院。早在2012年，因建筑破损老旧，存在安全隐患，影院不再放映电影。经原西城区文化委员会和方略博华公司为时3年的合作，这里被改造成红楼公共藏书楼，官方称其为"全国首创的互联网+新型公共文化服务设施"。红楼公共藏书楼主体藏书区面积近2000平方米，三层高的书架通向顶棚。整个藏书楼能收藏图书近10万册，其中第三层收藏着一些已故名家大家的藏书，很多书已经有些年头。红楼公共藏书楼以"众藏、共阅、分享"为核心理念及运营模式，集私人藏书楼、公共图书馆、实体书店之所长，其创新模式受到社会各界的广泛关注和追捧。

　　红楼公共藏书楼入藏图书方式分为托管、捐赠和合作三种。托管是指图书所有人将藏书存放在藏书楼，所有权还属于托管者，但可以供公众在红楼阅读或借览，一期以5年为限，5年期满后根据托管者意愿延期托管，或永久托管，或转捐赠。这是公共藏书楼的重大创新所在，更是"众藏"的核心要旨。捐赠是指，依照《中华人民共和国图书馆法》，由西城图书馆接受捐赠或委托藏书楼保管，供读者借阅，捐赠入藏的图书至少会在红楼放置5年，然后视情况永久入

空间看点

01 集私人藏书楼、公共图书馆、实体书店之所长

02 藏文化传承之好书，好书为民众所其享

03 众藏让时间在这里留下了书香墨迹

藏红楼或调拨其他公共图书馆。合作是指，与出版发行机构合作，为藏书楼提供新书，这部分图书可借阅、可购买。

红楼公共藏书楼距离北京北海公园和景山公园约1000米，周边有砖塔胡同、中国地质博物馆、万松老人塔等地标。砖塔胡同因砖塔而得名，是北京市历史最悠久的胡同，也是目前北京遭到破坏较少、风貌保存较好的胡同之一。

空间资讯

地　　址：北京市西城区西四南大街24号
电　　话：17610479089
开放时间：周一闭馆
　　　　　周二至周五 10:00—20:00
　　　　　周六、周日 9:00—21:00

Page One · 北京坊店

"建筑中的建筑，书店中的书店"

  Page One · 北京坊店是在北京西城区政府的推动下，由新经典文化联合广安控股在前门大栅栏地区开设的一家大型生活方式书店，政府与民营公司、国有企业三方合力打造的文化地标。Page One · 北京坊店 24 小时营业，以阅读为原点，融入了中外版经典图书、文创产品、咖啡休闲、黑胶体验区、绿植空间、主题课程等内容元素，成为阅读体验与生活方式为一体的城市文化空间。

  书店由著名建筑师董功精心打造，理念为"建筑中的建筑，书店中的书店"，经营总面积达 2500 平方米，其中阅读体验区面积 619.3 平方米，约占总面积的 25%。书店选品团队依据不同的主题遴选了近 60000 种中外文经典书籍、文创产品，并在不同的区域进行主题陈列，满足多元阅读需求。

  黑胶体验区位于书店三层的西北区域，拥有 5000 张黑胶唱片，并开设黑胶听音室，每月策划举办古典音乐 & 品

空间看点

01 打卡正阳门箭楼旁的网红景点

02 24小时开放，让阅读跨越白天与黑夜

03 中轴线上的文化新地标

听黑胶课程，为广大古典乐爱好者提供系统的学习体系，搭建古典乐爱好者学习与交流的平台。

Page One·北京坊店还引入VR体验、节目直播等活动，充分利用正阳门、大栅栏、城市中轴线、公路0千米等地缘优势，结合Page One自带的现代、国际化等品牌特色，真正实现"全球无时差空间"。

空间资讯

地　　址：北京市西城区廊房头条13号院1号楼
电　　话：010-63183761
开放时间：一层：周一 10:00—22:00
　　　　　　　周二至周日 24小时开放
　　　　　二、三层：10:00—22:00

中国书店·雁翅楼24小时店

紫禁城"保卫处"里觅书香

　　始建于1420年的雁翅楼,是老北京中轴线上的一处著名地标,坐落于地安门十字路口南面的东西两侧,与什刹海仅一街之隔。据史料记载,与地安门同时兴建的雁翅楼曾是地安门的戍卫建筑,它为东西相对称的两栋二层砖混建筑,各15间,每栋楼的面积约300平方米。雁翅楼黄琉璃瓦覆顶,远观好似大雁张开的一对翅膀,故此得名。清代时,此处为皇城的后卫哨所。20世纪50年代,地安门地区道路整修,雁翅楼被拆。2012年2月,北京市启动中华人民共和国成立以来最大规模的"名城标志性历史建筑恢复工程"。2013年6月,雁翅楼景观复建工程开工,2014年竣工。

　　中国书店·雁翅楼24小时店是2015年5月召开的西城区首届基层文化工作推进大会上提出的重点目标中率先落地的一项。为建设"书香西城",加大历史文化名城保护力度,西城区遵循"该修则修、该用则用、该建则建"的原则,将历史文化名城保护与经济社会发展,特别是与改善民生和丰富市民文化生活有效融合。正因雁翅楼富有文化内涵,又接近什刹海、南锣鼓巷等热

01 名城标志性历史建筑恢复工程

02 有茶歇，有讲座，免费 Wi-Fi 全覆盖

03 中轴线上的文化新地标

空间看点

门旅游地，所以西城区政府有意将其打造成公共阅读场所，借以推动一种安静、高雅、古朴的城市生活方式。

扶梯而上，雁翅楼西侧二层为综合展示区。二层的阅读区设置为开架阅读形式，按组分有不同类型、不同主题的图书，既有精选新书供读者翻阅，也有线装古籍供读者欣赏。除阅读区外，二层还设有小型讲座区、签名售书区、传统文化教学区等，并将在这里开办古籍展览、研讨会等文化活动。此外，为宣传、恢复老北京文化传统，店内还将利用空间合理布局，配合老照片、名人手迹等，着重展示古都北京的历史文化。

空间资讯

地　　址：北京市西城区地安门内大街 15 号
电　　话：010-64093362
开放时间：24 小时

紫芳书苑
以传播中国传统文化为主旋律

空间看点

01
传统文化教室一间

02
青瓷展区

03
五大名窑展区、茗茶展区

空间资讯

地　　址：北京市西城区马连道世纪茶贸生活馆2号门一楼大厅紫芳轩青瓷茗茶馆

电　　话：010-63353575

开放时间：9:00—18:00

　　紫芳轩是一家专业从事中国国粹、世界非遗龙泉青瓷设计制作推广及文化传播于一身的文化公司，包括对茶道的推广，中国五大名窑的研究、设计制作及推广，同时兼瓷文化、茶文化的培训及课程的设置，积极传播中国优秀的瓷文化、茶文化，让人们享受慢生活、文化生活，并带动影响身边的人。紫芳书苑借助国家提倡的"文化自信，健康民众"的大环境，依借国家倡导全民阅读的大背景，在以传播中国传统文化为主旋律的紫芳轩青瓷茗茶馆内拉开全民阅读的大幕。紫芳书苑每月定期举办阅读活动、看书写随笔活动，定期举办公益传统文化课堂，定期举办茶会。

精典博维——博空间

带有人文与艺术多种形式的阅读体验空间

空间看点

01
共享人文与艺术之美

02
提供书法、国画、油画、素描等艺术体验

03
以绿色为主色调

空间资讯

地　　址：北京市西城区德外大街87号德胜国际中心E座101单元

电　　话：010-82061212 转8161

开放时间：9:00—19:00

精典博维——博空间是由诺贝尔文学奖获得者莫言亲自题写的书店名称。是北京市仅有的具有图书出版资质、图书零售资质且面积超过1000平方米的20多家实体书店之一。空间共分为三层：一层为图书阅读区，设置十大主题图书专区，尽显阅读态度；B1层为艺术画廊；二层为艺术体验区，提供书法、国画、油画、素描等多种形式的艺术体验。

精典博维——博空间日常活动，往往将艺术、传统、京味、名家等多种文化元素融入每一场主题阅读活动，延展出多种针对周边社区、街道党员的红色党建读书会，以及楼宇、俱乐部阅读等文化活动。

空间由银川韩美林艺术馆设计师，2010年曾与隈研吾、伊东丰雄等同获"亚洲五十摩登绅士"称号的陈耀光倾心打造。以绿色为主色调，既充满设计感，又注重时尚实用。

北京金彩艺术图书馆
惠及民生并放眼国际

空间看点

01
坚守公益事业

02
宣传中国文化、传播友谊

03
推动艺术书籍交流

空间资讯

地　　址：北京市西城区北三环中路甲 29 号华尊大厦二层 201 室
电　　话：010-82253280
　　　　　010-62360094
开放时间：周一至周五
　　　　　8:00—18:00

　　北京金彩艺术图书馆成立于 2008 年，是一家美术专业的民办图书馆，4A 级社会组织。该馆藏有 100 多个国家赠送的艺术书籍、资料 10 万余册。数年来运营良好，该馆被北京市民政局、人保局授予"北京市先进社会组织"称号，是被全国总工会授予"职工书屋"称号的唯一民办机构，是西城区特色阅读空间。

　　北京金彩艺术图书馆空间总面积为 523 平方米。该馆有三个品牌项目，一是惠及民生，二是面对国内，三是放眼国际。其愿景是：揽世界美术资料汇聚华夏，助中华美术精英寻访全球。该馆将一如既往地办好阅读空间，同时还要面向世界宣传中国文化、传播友谊、促进和平，面向国内推动艺术书籍交流，联谊全区全市乃至全国的老年书画爱好者，坚守公益事业。

繁星戏书吧阅读空间

闹市中的文化生活休闲体验园

空间看点

01
闹中取静的小天地

02
戏剧与阅读的联结

03
古典与现代的碰撞，艺术与生活的交融

空间资讯

地　　址：北京市西城区宣武门内大街64号繁星戏剧村内
电　　话：13234169222
开放时间：10:00—21:30

　　繁星戏书吧阅读空间位于抄手胡同内，是一方闹中取静的小天地。其主要特色是戏剧与阅读的联结，古典与现代的碰撞，艺术与生活的交融。针对这里浓郁的艺术气息和独特的戏剧魅力，空间中特别准备了相关的剧本以及戏剧研究等著作，让观众在欣赏戏剧之余，了解到戏剧背后的文化内涵，产生更加深刻的体会。

　　主题读书会、讲座、沙龙、导演见面会和戏剧排练公开日等文化活动也是这里的常驻项目。繁星戏剧村作为一个以艺术和戏剧为主题的"书香剧场"，向人们呈现出了多元的文化形式，打造出一个闹市中的文化生活休闲体验园。

新华书店总店"城市书房"

智慧书房重构人、货、场的关系

　　新华书店总店"城市书房",是承接新华书店网上商城的线下旗舰体验店,总面积达860平方米,整体风格古朴典雅,为读者提供了更好的阅读体验。

　　内设可容纳150人的活动大厅,四个特色书房:静书房、中式书房、欧式书房、儿童书房。公共活动区域分动态区、静态区,为用户营造独立的专属空间。休闲区、咖啡区、阶梯区域可提供个性化服务。

　　新华书店总店"城市书房"坚持线上线下融合运营,重构人、货、场的关系,不但满足用户不同场景的需求,还引入了多种智能设备。人脸识别导购系统会根据读者的面部特征识别会员信息,根据之前的购买行为进行分类分析,智能推荐读者可能感兴趣的图书。自助结算设备利用RFID技术实现自助购买,为读者提供便捷的自助购买服务。电子水墨价签线上线下同步一体,网上商城信

空间看点

01 凝聚"老字号"的文化情怀

02 利用 RFID 技术实现自助购买

03 人工智能与传统书籍的"一场恋爱"

息更改,电子价签同步更改,同时可加入读者评价、推荐意见及推荐语等。扫码可进入网上商城查询更多商品信息。店中还配备了新华云阅读自助售书机,书店的移动小图书馆,实现自助选购,方便快捷。

空间资讯

地　　址：北京市西城区北礼士路 135 号 7 号楼城市书房
电　　话：010-86365920
开放时间：周一至周日 8:30—18:30

城市复兴书吧

提升群众对城市治理的获得感和满意度

空间看点

01
城市沙龙空间

02
搭建政府与公众、社会沟通的政民互动平台

03
服务社区居民文化生活

空间资讯

地　　址：北京市西城区长椿街甲2号
电　　话：13910616072
开放时间：10:00—21:00

北京市西城区城市复兴城市发展研究中心＆广内街道街区整理体验馆（简称"城市复兴书吧"）是广内街道在全区率先完成街道层面街区整理计划编制工作而延伸出的阅读空间。为了更好地实体化展示方案内容、实施进度和效果，特利用此处疏解腾退空间建成广内街道街区整理体验馆，力求通过方案展示空间、城市沙龙空间、开放共享空间、特色阅读空间，普及城市发展、历史、规划知识、可持续发展理念和街区文化精神，让公众了解、关注、热爱城市，共同参与城市治理，规范自身行为。同时，搭建政府与公众、社会沟通的政民互动平台，服务社区居民文化生活，提升群众对城市治理的获得感和满意度。

新华书店·永安路书店

以图书为载体、阅读为媒介

空间看点

01

全新开辟"静谧书房"阅读专区

02

邻近多家具有北京历史风貌的大型公园

03

空间主要服务书店周边社区居民

空间资讯

地　　址：北京市西城区永安路大街102号
电　　话：010-63034270
开放时间：10:00—19:00

原标准计量书店2018年8月4日重装开业，改名为新华书店·永安路书店。店内藏书近17000册、多元文创产品3000余种。在区域划分上全新开辟"静谧书房"阅读专区、"梦幻童年"儿童阅读专区、"求知屋"学生读者自习专区和多元文创产品专区等多个区域，精心甄选图书类别，集中展示主旋律读物、社会科学、文学艺术、儿童读物、生活保健等优秀出版物，为读者创建更优质的阅读体验空间。

北京市新华书店·永安路书店身处居民区，服务社区居民。店内会不定期独立或与周边社区、出版社、培训机构合作组织一些文化交流活动，如街道老年画展、家庭育儿讲座、手工制作体验、读书分享会等活动。其发展目标是以图书为载体、阅读为媒介，使书店成为一个文化活动学习交流的平台，成为一家有特色的社区书店，促进全民阅读推广，引领全民阅读深入开展，成为居民们忙碌了一天之后，可以放松、解压、交流、分享的文化空间。

坊间书阁阅读空间

凸显坊间纸文化底蕴

坊间书阁阅读空间前身为白纸坊街道图书馆。为弘扬传统文化，凸显坊间纸文化底蕴，更好地体现社区图书馆的积极作用，2017年，街道组织专项团队对图书馆进行升级改造。除了新增数千本图书刊物、规划特色功能分区外，在专业机构的运营下，为辖区居民带来书法、面塑、瑜伽等公益性学习课程，开展冬夏令营、读书沙龙等活动，丰富社区阅读活动，提升居民读者精神文化生活。

坊间书阁阅读空间位于枣林前街16号，按照功能分区，包括：少儿阅览室，位于一层东侧，适合7~12岁少儿，20个座席为少儿提供阅览，4000余册少儿阅览图书；亲子阅读室，位于一层西侧，适合3~6岁幼儿，内设5000余册绘本故事，旨在促进孩子和家长共同阅读，增进亲子交流；图书借阅室，位于二层东侧，馆藏20000余册，内容广泛，从文学历史到科技地理供读者借阅，凭北京市联合读者卡实行北京市内通借通还；电子阅读室，位于二层西侧，提供多媒体阅读设备、免费上网设备、传统报纸期刊，室内设30个座席提供阅览服务；同时还设置了专题图书角、午后休闲时光、休闲水吧等特色阅读空间以满足不同读者需求。

01 弘扬传统文化　　**02** 阅读体验课程　　**03** 多种人性化设计 温暖读者心

空间看点

坊间书阁多种人性化设计温暖读者心，互动性少儿阅读空间体现童趣亲和，手绘墙上有蓝天绿树，防滑地面有卡通图案，多功能桌椅最大限度便利舒适，体现绝对的高颜值。

坊间书阁针对居民读者免费开设精品阅读会，邀请知名领读人带领读者分享心得、交流感悟；传统文化学科课程，如书法、面塑，带领读者体验传统文化魅力；阅读体验课程，如朗诵、诗歌、曲艺，以多种形式体验阅读乐趣。

空间资讯

地　　址：北京市西城区枣林前街 16 号
电　　话：010-63569502
开放时间：周一闭馆
　　　　　周二至周日 9:00—18:00

白云驿站特色阅读空间
以"绿色和科技"为主题的公益驿站

　　白云驿站特色阅读空间依水而立，毗邻护城河，环境幽静而雅致，绿竹环抱，是一家以"绿色和科技"为主题的公益驿站。现有纸质图书17000余册，报刊30余种。设有个人藏书互换区、成人阅读区、儿童阅读区、电子阅读区。以"走出去、引进来"为目标，每年为社区组织公益活动100余场。在每年4月23日的世界读书日举办"书香换花香，绿意暖人心"活动，读者可以用自己看过的书到驿站换取绿植。

　　白云驿站集纸版图书、电子图书、计算机免费培训、公益活动、主题讲座、生活信息服务于一体，并联网公共图书馆设有图书通借服务，免费Wi-Fi全覆盖。读者还能借助"社区阅读服务平台"

空间看点

01 毗邻护城河，环境幽静而雅致

02 书香换花香，绿意暖人心

03 读者可以用自己看过的书到驿站换取绿植

浏览电子报刊、图书等数字文化资源，也可通过"云借阅"图书设备，以二维码扫描形式轻松下载电子图书、期刊至手机、平板等智能终端，随时开启阅读之旅。

空间资讯

地　　址：北京市西城区白云观北里甲6号
　　　　　白云驿站
电　　话：13051278661
开放时间：周一闭馆
　　　　　周二至周日 9:00—20:00

百科·嫏嬛书房

探寻古书之美，品味书香生活

嫏嬛，古代中国传说中是天帝藏书的地方，后泛指珍藏书籍之所在。《字汇补·女部》："玉京嫏嬛，天帝藏书处也，张华梦游之。"

百科·嫏嬛书房，读书人的城市共享书房，位于首都核心功能区西城区中国大百科全书出版社一层。书房超越传统书店，兼具图书馆与文化馆功能，其精髓在于共享空间、分享阅读、沐浴书香，其特色在于读者在这里可以随手翻阅由古籍专家和版本鉴定专家慎重遴选，通过古法印制的唐宋元明清时期的孤本善本典籍，让读者"触摸原典、对面亲聆"，探寻古书之美，品味书香生活。

书房致力于中华优秀传统文化的创造性转化和创新性发展。嫏嬛书房创办人蒋凤君以"选目精当，选本精善，制作精到"为原则，历时八年出版《中华善本百部经典再造》，以经典阅读和藏书文化为本，以中国书房为载体，引导人们回归书香生活方式，再造书香门第，创办书香企业，建设书香社会，助力人

01	**02**	**03**	空间看点
开展国学智慧课（娜嬛日课）	举办"让经典活起来"公益课堂讲座	以线装书为主的藏书文化和经典阅读的文化	

民幸福、社会稳定、国家强大。

　　书房以线装书为主的藏书文化和经典阅读的文化服务于热爱并想学习中国传统文化的广大读者，致力于传播书房文化，主要有两个内容，一是藏书文化，二是经典阅读，继而用书香生活的方式，逐步影响社会人文环境，建设书香社会。

空间资讯

地　　址：北京市西城区阜成门北大街 17 号
电　　话：18611269123
开放时间：10:00—19:00

正阳书局·砖读空间

存我文献，传我京韵

正阳书局·砖读空间坐落于西四南大街一处古色古香的院落内。从街边路过，你准能注意到院内的万松老人塔，这是为纪念耶律楚材之师万松行秀禅师所建，始建于元代，是北京作为文化古城的早期建筑之一，也是北京城区仅存的一座密檐式砖塔。早年间，塔周围被民居所簇拥，文物缺乏保护。2014年，这个小院被改造成为古色古香的阅读空间，取名"砖读空间"，运营者就是崔勇和他的正阳书局。

正阳书局·砖读空间是由原西城区文化委员会和正阳书局以"利用文物以保护文物"为理念，共同打造的北京特色公益阅读空间，专营北京历史文献。院中的元代万松老人塔是国家级文物保护单位。在这里，读者既可以买书，还可以免费借阅或在空间内阅览。

该空间致力于对北京历史文献的保护、开发及利用，补典章之得失，史乘

01	**02**	**03**	空间看点
室内还原北京书房的人文环境	以"利用文物以保护文物"为理念	专营北京历史文献	

之缺遗，以实业振兴传统民族文化，存我文献，传我京韵。院内还原老北京"天棚、鱼缸、石榴树"的生活场景，室内还原北京书房的人文环境，旨在为读者提供一个原汁原味的"北京人家"阅读环境。

空间资讯

地　　址：北京市西城区西四南大街43号
电　　话：010-66116311
开放时间：9:00—21:00

宣阳驿站——第二书房
从以"书"为中心转向以"人"为中心

宣阳驿站——第二书房是国内首家以家庭教育为主题的连锁图书馆，定位于"父母学堂、儿童书馆"，率先提出全民阅读应该从以"书"为中心转向以"人"为中心，强调无边界阅读的大阅读理念，并跳出语文的大语文理念，用好理念、好环境、好图书、好活动、好榜样呵护阅读兴趣，培养阅读习惯，提高阅读能力。这是根植社区，解决全民阅读最后一公里问题，找回大院文化，培养发小情感，涵养书卷气质，促进全民阅读，是提升社区人文品质的现实手段。

宣阳驿站——第二书房是北京市西城区政府利用免房租、补贴购书、运营经费等一系列财政扶持方式，以"公办民营"形式打造的一批特色公共阅读空间之一，也是西城区政府大力推进全民

01	**02**	**03**	空间看点
根植社区，解决全民阅读最后一公里问题	满足孩子与父母的阅读需求	以家庭教育为主题的连锁图书馆	

阅读的创新尝试。

　　该阅读空间采取开放式设计，色彩柔和，温暖明亮，1500平方米的阅读空间分割成公共阅览室、幼儿阅览室、公共放映厅、露天平台、水吧等区域，满足孩子与父母的阅读、交流、娱乐、放松等各种体验需求。

空间资讯

地　　址：北京市西城区白纸坊桥南金中都公园内
电　　话：010-83204610
开放时间：周二至周日 9:30—20:00

海棠书斋

让"文化走进群众的生活中"

海棠书斋位于北京市孝寿文化教育基地——万寿公园东门广场北侧，是子言文化与西城区第二图书馆联合打造的"书香西城"公共阅读空间，也是北京市第一家以专业服务老年人为宗旨的阅读场所。收藏传统文化、养生保健、文史知识、哲学社会等不同类型书籍累计约12000册，全部免费向社区居民群众开放阅览。海棠书斋硬件条件并不优越，但文化氛围浓厚，书籍选择、设施配备、配套服务等均与周边社区群众的年龄、文化背景相契合，将文化软实力和阅读空间品牌建设凝聚于一体。

自2014年成立以来，每年邀请众多的文化研究专家和文化艺术大师，举办了多场高质量的公益文化活动。先后开展了"海棠树下，为您读诗""母亲节""重阳节""孔子诞辰日全民诵读《孝

01 将文化软实力和阅读空间品牌建设凝聚于一体

02 邻近北京知名街道"牛街"

03 服务周边社区群众

空间看点

经》""中华传统文化经典讲堂""诗书画印社区行"等系列文化主题活动，服务周边社区群众，让读者不仅可以阅读，还有其他长期学习与交流的公共平台。真正做到让"文化走进群众的生活中"。

空间资讯

地　　址：北京市西城区白纸坊东街甲 29 号万寿
　　　　　公园海棠书斋
电　　话：13599966387　18515363016
开放时间：9:00—16:00

甲骨文·悦读空间

这里是书店，也是图书馆

甲骨文·悦读空间坐落于西城区下斜街1号院东楼二层，是全国首个由公共图书馆改造运营的社区阅读品牌项目，主打特色是社区阅读，藏书30000多册，内设公共借阅、图书阅览、试听空间、儿童空间、咖啡空间，提供图书借阅等综合阅读服务。

项目创始人贺超，有20年的文化阅读推广经验，也是知名阅读推广人、中央人民广播电台主持人、《贺超叔叔讲故事》创始人。贺超源于对公益的热情和梦想，带领团队深入社区，开展阅读，并且在社区阅读的开展中，总结出一套切实有效的方法，为全民阅读最后一公里提供解决方案。

这里是书店，也是图书馆。门口的招牌也是两块：一块写着"广安门内公共图书馆"，另一块写着"甲骨文·悦读空间"，是一种传统阅读模式的跨界，也是全新文化服务的创意融合。在640平方米的悦读空间里，绿植、鲜花、文创产品等各种装饰完美地结合在一起，把环保理念、创意构思巧妙地结合成了读者口中的"北京最美社区书店"。

01 坐落社区，服务居民

02 绿植、鲜花、文创产品完美地结合在一起

03 复古风格的摆设

空间看点

　　甲骨文·悦读空间身处社区，周边交通便利，停车方便，距离宣武门地铁站、长椿街地铁站都很近。店内有70平方米的儿童阅读空间，用来给孩子们讲故事、做阅读分享。甲骨文·悦读空间成人阅读区达到200平方米，复古风格的摆设、特色的文创产品，营造出了温馨的阅读环境。

空间资讯

地　　址：北京市西城区下斜街1号三晋宾馆院内东楼二层
电　　话：010-83156131
开放时间：10:00—21:00

077

甲骨文悦读·绽放

社区里的精神后花园

甲骨文悦读·绽放位于北京市西城区阜外大街甲40号院，紧邻钓鱼台国宾馆，环境优美。主打特色是社区阅读，拥有藏书30000多册，除了办公区域和公共服务区域，空间绝大部分区域设置为免费公益性开放阅览区域，包含大厅阅览区、文创展示区、茶歇区、儿童区，以及三个开放性的独立阅读区域，提供在空间内的免费阅读和图书借阅等综合阅读服务。

门口的牌匾上写着："甲骨文悦读·绽放展览路书香驿站"，这是甲骨文悦读在2018年新推出的免费公益性开放阅读区域，有别于传统阅读空间的创新模式，也为社区居民的便利性阅读、碎片化时间阅读提供了良好的场所。在260平方米的绽放阅读空间里，高吊的绿植、匠心的小摆件、文创产品、图书交错纷呈，力图打造出全新的社区阅读空间。

甲骨文悦读·绽放身处社区的大门口，交通便利，通行方便，空间前面侧

01
紧邻钓鱼台国宾馆

02
提供免费公益性开放阅读区域

03
营造出温馨的阅读环境

空间看点

前方有1路公交车站,离车公庄西地铁站不到2000米。空间内设有15平方米的儿童阅读区域,还拥有投影仪、电视、数码相机等辅助设备,用来给孩子们讲故事、做阅读分享、进行多媒体教育。甲骨文悦读·绽放空间大厅阅读区达到100平方米,结合茶歇区和特色的文创产品,营造出温馨的阅读环境。

空间资讯

地　　址：北京市西城区阜外大街甲40号院3号楼底商
电　　话：18518123036
开放时间：10:00—21:00

书香驿站
致力于文化空间营造

　　书香驿站致力于文化空间营造，以实际行动强化首都核心功能，增强文化自信，彰显城市品质和文化蕴意。平台扎根社区，落地基层，以文化为载体，结合基层文化特色进行设计和建设，为老百姓做好事、办实事，激发居民参与精神文明和基层文化建设的热情，很好地推动了基层文化建设和精神文明建设工作，为首都基层文化事业添砖加瓦。打造特色文化主题，是书香驿站扎根基层的生动体现。书香驿站特色主题文化服务硕果累累，目前已形成玉桃园邻里文化、西四家庭文化、育德党建文化、陶然亭社区协商文化和名人文化、戎晖军民融合文化等成功典范。

　　书香驿站的几大功能板块：

　　第一，阅读新空间。使居民形成网状社交，为爱书人提供便捷，感受分享和奉献的快乐，潜移默化地提升居民的文化素养。目前已形成"百姓捐书百姓香""图书漂流"等特色。

　　第二，家庭公共客厅。通过展示家风、家规、家貌，秀家庭未来梦想，晒百姓的幸福生活，让居民走进社区提供的"家庭公共客厅"，引导大家开展家庭间互助式服务。

　　第三，社区志愿岛。是社会和社区公益力量进入社区服务居民的孵化器及平台。通过对志愿服务的活动建立一定的激励机制来引导和挖掘志愿服务资源，进一步对接社区需要。实现志愿服务可持续循环的良性目标。

　　第四，社区老有所为公社。旨在推动社区老人在书香驿站继续学习、成长，让老人更有精神追求和价值，不断引导社区老人将一生宝贵的知识与技能进行分享，绽放老人风采，未来将致力于打造智慧养老。

　　第五，社区童乐堂。书香驿站着力推动儿童友好型社区建设。驿站负责儿

01
集文化娱乐、休闲、文化培训等功能于一体

02
已形成"百姓捐书百姓香""图书漂流"等特色

03
扎根基层

空间看点

童的社区素质教育活动开展，策划推送一系列高品质的活动，是未成年人素质教育的实践基地，致力于成为社区教育的新起点。

第六，社区健康驿站。通过政府和社会力量组织专业技术人员围绕公共卫生、慢病防治、中医养生等领域，提供社区健康促进服务。满足居民在身心健康、保健与养生等方面的需要。

第七，社区信息港。满足社区身边人的资源供需，通过书香驿站"信息港"，打造数字平台，使社区信息得以最有效最真实最有价值地传递。

空间资讯

（1）育德书香驿站地址：北京市新街口街道育德胡同7号院1号楼2层
联系人：高文君
联系方式：13641121758

（2）西四书香驿站地址：北京市西城区西四北头条53号
联系人：张海岚
联系方式：15510051396

（3）玉桃园书香驿站地址：北京市西城区前桃园胡同1号楼西侧广场
联系人：王万勇
联系方式：13910537639

（4）陶然亭书香驿站地址：北京市西城区南华东街12号
联系人：李雪芬
联系方式：13521321970

（5）戎晖书香驿站地址：北京市西城区茶源路1818号
联系人：梁佳腾
联系方式：15231369111

五个驿站开放时间：9:00—21:00

华康书店阅读空间

以生活健康类出版物为特色

空间看点

01
文化服务场所

02
免费Wi-Fi、电子触摸屏

03
以科普健康图书、音像制品为主题

空间资讯

地　　址：北京市西城区广安门南街80号中加大厦
电　　话：010-83545732
开放时间：8:30—16:30

华康书店阅读空间是一个开放的公共服务平台，是生活健康的文化顾问。以生活健康类出版物为特色，店内有图书、音像制品等6000余种，店内还有台式电脑、免费Wi-Fi、电子触摸屏、VR、儿童抓娃娃游戏机以及超大科普宣传屏幕等，是一个多功能展示平台和文化服务场所。

书店锁定"一老一小"两个细分市场，将健康科普资源向基层、社区拓展，服务大众健康，服务社区，着力打造成以科普健康图书、音像制品为主的生活、文化服务场所，塑造社区居民健康好邻居的特色阅读空间形象。

中国新闻书店
一个没有围墙的传媒大学

空间看点

01 大型新闻专业书店

02 淘书宝库

03 新闻行业精神地标

空间资讯

地　　址：北京市西城区宣武门西大街 101-3 号
电　　话：010-63073881
　　　　　010-63072012
开放时间：9:30—21:00

中国新闻书店成立于 1984 年，是全国唯一的"国"字号大型新闻专业书店。地址在北京市宣武门西大街 101-3 号。该书店是由著名记者、新华社原社长穆青题写的店名。成立 30 多年来，中国新闻书店一直为爱书人提供着热忱的服务，在新闻媒体人群中享有相当高的声誉。以新华社为根基，中国新闻书店一直注重提供高品质的图书，尤其是新闻、时政、哲学、历史、军事和人物传记等类别，在书店里常销常新。

2017 年 4 元月，中国新闻书店引进资金 200 多万元对书店改造升级建"融媒汇书吧"，扩大文化内涵，将图书销售与咖啡文化、茶文化、餐饮文化、影视戏剧文化、科研创新文化等相结合，把握发展新契机，致力于将实体书店打造为新环境下的城市文化新地标。书吧除人文社科图书、文创产品销售外，延伸为全民阅读、业务探讨、品茗交流和项目洽谈等为一体的"融平台"，努力构建新闻、出版、传媒精英的精神地标。

满堂香·特色阅读空间

依托满堂香茶企，弘扬中国传统文化

满堂香·特色阅读空间坐落于马连道北京国际茶城四层。这里环境优美，文化气息浓厚，为广大市民提供免费开放借阅图书服务。

满堂香·悦茶会是一个4000平方米的文化平台，2018年6月筹建的悦茶书堂占地980平方米，为阅读空间的发展增添了更浓郁的阅读文化氛围。阅读空间及阅读专项区500平方米，并特别设有心语学堂（满堂香阅读室），为广大读者带去更幽静的阅读空间和阅读交流的课堂。

该特色阅读服务空间依托满堂香茶企，成为弘扬中国传统文化的教育宣传基地，空间配套文化丰富（包含茶文化、民乐文化、国石文化、书法绘画文化、收藏艺术文化、国学教育培训文化、中国风珠宝文化、刺绣文化、民族风服饰文化、瓷器文化等），现图书类别也在不断跟进升级过程中。

满堂香·特色阅读空间的目标是建设西城区特色茶文化与中国传统优秀文

01	**02**	**03**	空间看点
幽静的阅读空间，阅读交流的课堂	空间配套文化丰富	中华正能量宣讲会、唱咏会	

化阅读空间，空间辐射范围广大，吸引众多阅读爱好者前来读书，并通过活动推广让更多人喜欢读书、体会读书与读书活动带来的快乐。为方便广大残障人士，国际茶城北侧有升降直梯与残障人士专用通道，身体不便人士可走专用通道直达阅读空间。

空间资讯

地　　址：北京市西城区马连道路6号院5号楼北京国际茶城四层

电　　话：010-63260017
　　　　　010-63451190

开放时间：9:00—17:00

北京第三十五中学·国学馆和鲁迅故居系列阅读空间

"国书"申遗保护文化根基

在北京市第三十五中学里，除了金帆音乐厅、志成讲堂、周氏兄弟旧店以外，留给人印象最深的要数"国学馆"和鲁迅故居系列阅读空间。位于该中学院内的鲁迅故居等，依托"立人讲堂"开拓相关公共阅读空间。

北京市第三十五中学院内有若干个北京四合院式建筑，"国学馆"坐落在41号院。进入小院，映入眼帘的是北房房檐下悬挂的"中华人民共和国线装书申遗第一基地"牌匾，这是北京市第三十五中学与中华出版促进会、线装书局合作，将志成国学馆定为"中华人民共和国线装书申遗第一基地"，《四库全书》主题展览就设在41号院内。

《四库全书》在近代战火中历经磨难，三部焚毁，仅存四部。圆明园文源阁《四库全书》毁于第二次鸦片战争。扬州大观堂文汇阁《四库全书》毁于第一次鸦片战争。镇江金山寺文宗阁《四库全书》毁于太平天国战争。承德避暑山庄文津阁《四库全书》现存于国家图书馆。沈阳盛京文溯阁《四库全书》现存甘肃省图书馆。杭州文澜阁本《四库全书》保存在浙江省图书馆。品级最高的文渊阁本《四库全书》原藏北京故宫，

空间看点

01 "中华人民共和国线装书申遗第一基地"

02 鲁迅旧居与鲁迅书院

03 八道湾胡同的历史印记

后经上海、南京转运至中国台湾,现藏台北故宫博物院,也是保存最为完好的一部。

北京市第三十五中学所藏《钦定四库全书》是线装书局根据台北故宫博物院所藏文渊阁本《钦定四库全书》原大影印本。也是现存四部《钦定四库全书》中唯一一部影印出版的《四库全书》,该书共36375册,分装6144函、128组大书柜,全套书函采用楠木制作,上下香樟木夹板。

空间资讯

地　　址:北京市西城区赵登禹路8号
电　　话:010-63886000
开放时间:需预约

087

鲁迅书店

融海派优雅与京派静穆于一体

　　鲁迅书店由中原传媒北京分公司与北京鲁迅博物馆合作开办，博物馆毗邻西二环、金融街，闹中取静，环境优雅。1924年5月25日，鲁迅迁居阜成门内西三条21号，此处故居在鲁迅博物馆内原貌保留。鲁迅书店的开办，更为幽静中注入一脉书香。

　　鲁迅书店分为书店区与茶饮区，总面积256平方米。室内以墨绿色为主色调，融海派的优雅与京派的静穆于一体。书店区开辟鲁迅主题专架，包括各种版本的鲁迅著作及相关专著。书店主营人文社科、文学艺术类图书。书店内附设鲁迅讲坛，定期举办讲座、论坛、新书发布会等文化活动；另辟有茶饮区，经营咖啡、茶饮。在书店里，抬眼即可看到鲁迅博物馆内景观，四时不同，各有其妙。"落花无言，人淡如菊。书之岁华，

01
书店位于鲁迅博物馆内，东邻白塔寺

02
书店内附设鲁迅讲坛，定期举办讲座

03
开辟鲁迅主题专架

空间看点

其曰可读。"
　　步出书店200米即为**鲁迅故居**，小院内苔痕上阶，草色入帘，可以在鲁迅工作、居住过的"老虎尾巴"前凭窗想象："在我的后园，可以看见墙外有两株树，一株是枣树，还有一株也是枣树。"

空间资讯

地　　址：北京市阜成门内大街宫门口二条19号
　　　　　鲁迅博物馆院内
电　　话：010-66188842　18310318991
开放时间：8:30—17:30

乐客书站

开往美好的"图书列车"小站

　　集阅读、思考、发呆、充电等于一体的乐客书站成立于 2018 年 7 月，这里致力于打造一节开往美好的"图书列车"和文艺小站。该书站独特的造型、精致的设计、温馨的书架，形成一个面朝大海的小小站台，仿佛有微风轻轻拂动衣衫，依稀有大海的气息迎面而来，这所有的一切都让它更像是一个梦幻般的阅读场，让人们虽身在闹市，心却已在美景和阅读营造的温柔世界中。

　　乐客书站既充分还原了老式车厢的细节，也注入了鲜活崭新的审美元素，让广大读者在这个狭长的独特空间里不断感受到惊奇和惊喜。同时，书站精心挑选的众多图书和杂志，坚持高质量、高水准，历史和哲学并存，文艺和生活

空间看点

01 独特精美的列车和站台造型

02 选书经典，精品图书是根本之本

03 图书可购可借，设有图书漂流专架

并重。该书站还兼顾了公益性，让人们除了挑选自己心仪的好书，也可以带来自己的好书，参与书站定期组织的图书漂流活动，让大家的好书和思想一起漂流，到达更多爱书人的心里。

空间资讯

地　　址：北京市西城区西什库大街31-16号
　　　　　顺天府超市内
电　　话：18648244441
开放时间：9:00—21:00

北京阅读空间漫游指南(2019—2020)

PART TWO
城市功能拓展区

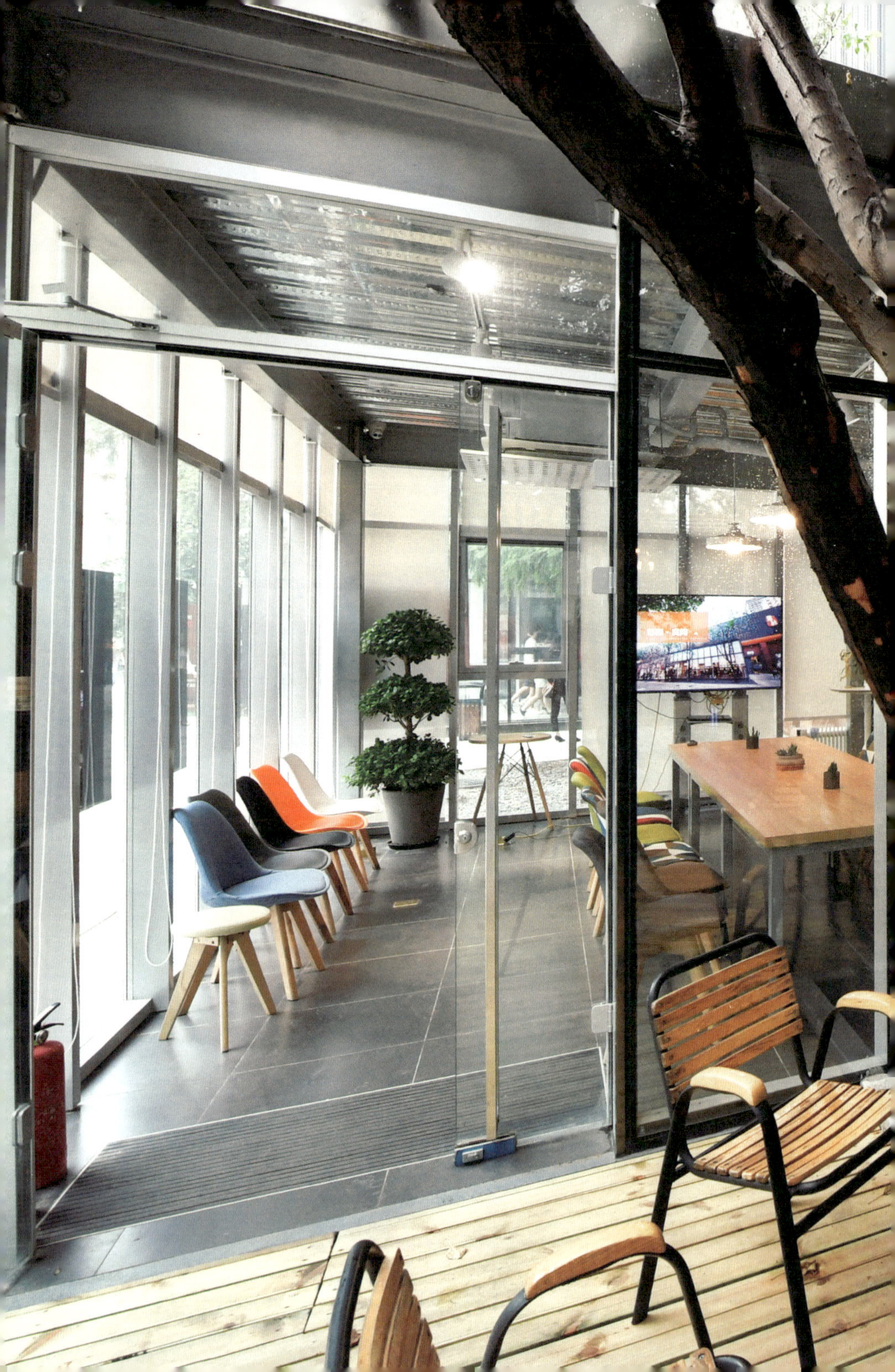

城市功能拓展区·朝阳区

朝阳区位于北京市的东部，西与东城区、丰台区、海淀区相毗邻，北连昌平区、顺义区，东与通州区接壤，南与大兴区相邻，幅员面积470.8平方千米，平均海拔34米，是北京市中心城区中面积最大的一个区。朝阳区工业发达，是北京市重要的产业基地。区内集中有电子、机械制造、文化创意等产业基地。朝阳区对外交往活动频繁，是北京市重要的外事活动区。朝阳区历史久远。从秦至隋唐，该地区属广阳郡，后属幽州所辖的蓟县，辽时归燕京道析津府，金时属中都路大兴府，元代将中都路大兴府改为中都路大兴县，明清时属京师顺天府，仍归大兴县管辖。1925年设区，称北京市东郊区，1928年改为北平市东郊区，1958年经国务院批准改为朝阳区至今。

- 朝阳区图书馆
- 读聚时光·青少年阅读体验基地
- 宸冰书坊
- 良阅·城市书房
- 北京三联韬奋24小时书店(三里屯店)
- Page One·三里屯店
- Page One·颐堤港店
- SKP RENDEZ-VOUS 遇见之地书店
- 朝阳城市书屋·东区儿童医院馆
- 中信书店·侨福芳草地
- 中信书店·世贸天阶店
- 中信书店·中海环宇荟店
- 中信书店·合生汇店
- 言 YAN BOOKS
- 蒲蒲兰绘本馆
- 机遇空间
- ART+798 艺术阅读空间
- 言几又·今日阅读(三里屯店)
- 言几又·今日阅读(官舍店)
- 湖边草书店
- 阳曦书店
- 美联书院

朝阳区图书馆

CBD 中的智能化图书馆

朝阳区图书馆成立于 1958 年。目前一馆两址同时开放，总面积近 20000 平方米。其中，小庄馆建筑面积 5124 平方米，劲松馆建筑面积 14600 平方米。朝阳区图书馆小庄馆 2018 年重装开馆后，呈现出更加开放、智能化、人性化的特点。第一，资源保障突出"新鲜"与"精准"，设置"新书墙"专陈；第二，自助服务设备齐备，引入多功能自助预借机；第三，提升阅读获得感，为"一老一小"设立阅读室；第四，丰富阅读活动体验，预留展示空间。

朝阳区图书馆劲松馆呈现以下特点：第一，彰显"人文"特色。以"借阅一体"服务方式为主导，兼顾满足年龄、特色馆藏、服务拓展、文化交流等多方面需要，为读者提供最佳阅读环境。第二，实现"科技"驱动。以"信息化"为特色，全馆实现无线网络覆盖，配置以"射频识别"技术为基础的读者自助服务系统等阅读体验设备，满足数字时代阅读需求。第三，突出"特色"馆藏。打造集朝阳区地方文献收集、保存、展示于一体的综合空间。以地方文献阅览室为平台，广泛收集与朝阳区有关的图书、报刊、舆图、拓片、老照片等资料，并进行整理研究，出版二、三次文献资料，以馆藏为基础开发相关文创产品，提供信息参考服务等。第四，秉承"绿色"理念。以"简约"的装修风格体现图书馆"家"一般的温馨，引进一系列"节能"设计与设备，与时俱进，成就公共设施

01 分为小庄馆和劲松馆，一馆两址同时开放

02 彰显"人文"特色

03 形成朝阳特色"四网一体"新格局

空间看点

的"绿色"典范。

朝阳区图书馆作为区属公共图书馆，致力于为全区百姓提供全方位的公共阅读服务，是北京首家实现"一馆两址"同时开放的图书馆，并通过辖区内大规模部署24小时自助图书馆服务网络，与传统图书馆服务网络、数字化图书馆服务网络、流动图书馆服务网络，形成朝阳特色"四网一体"新格局，不断尝试并持续发展社会力量参与公共图书馆运营项目，创造"朝外模式""城市书屋"等新做法。

空间资讯

朝阳区图书馆·小庄馆：北京市朝阳区金台里17号
电　话：010-85995609　85992780
朝阳区图书馆·劲松馆：北京市朝阳区广渠路66号院3号楼
电　话：010-87716300
　　　　010-87754760
开放时间：周一至周日 09:00—19:00
（国家法定节假日 9:00—17:00）

097

读聚时光·青少年阅读体验基地

惠民和国防的双重功能

　　读聚时光·青少年阅读体验基地的建成和投入使用，全都得益于北京市安贞街道实施的人防工程公益使用计划，经过改建，这处占地为1600平方米的地下空间摇身一变成为宽敞明亮、舒适温馨的儿童阅读体验场所。其中，有800多平方米都是给孩子用来读书的，并有针对性地划分为低幼绘本馆、儿童文学馆、青少年科普馆及科普图书馆，馆内现有藏书20000多册，免费对外开放，满足不同阶层青少年阅读需求。

　　依托于读聚时光·青少年阅读体验基地，安贞街道总工会面向安贞街道辖区内的新经济领域职工，开展各种有益于身心健康的心理综合服务，包括人文关怀心理营造、主题心理讲座、主题心

01
人防工程一举多得

02
趣玩科学DIY体验空间

03
家长和孩子互动阅读的文化场所

空间看点

理沙龙、个体心理咨询和团体减压活动等，为职工工作和生活提供强有力的心理支持系统，促进职工自我成长和职业发展。

空间资讯

地　　址：北京市朝阳区裕民路华展国际公寓C座读聚时光·青少年阅读体验基地
电　　话：15652222171
开放时间：9:00—17:00

099

宸冰书坊

CBD 里的文化情怀

隐藏在北京 CBD 一座繁忙写字楼里，面积 400 多平方米、藏书 5000 余册的宸冰书坊，最壮观的要数那些高及屋顶的书墙，而最吸引人的，还是那些仿古的桌椅、摆件、民国的画报，以及图片墙和随处可见的花卉绿植等，让这个书坊有了一种独特的味道，温馨雅致。墙上"陌上花开，可缓缓归矣"的诗句也格外引人注目。读者们平日里三三两两地在书坊里坐着、读书，或者低声交谈，互不干扰。

宸冰书坊的开馆，是探索"图书馆与社会组织"合作模式，由政府提供场地和部分图书，宸冰和她的团队独立运营。这样使得宸冰书坊具备公共阅读服务的基本属性，它作为北京市公共图书馆"一卡通"成员馆，与朝阳区图书馆实现总分馆管理，和所有公立图书馆一样，读者可以在这里实现文献借阅通借通还。另外，宸冰书坊的功能并不局限

01	**02**	**03**	空间看点
有格调的装修设计	借阅图书，会友畅谈	散发着一种新时代的古典美	

于借书、还书，其所处的区位优势和《宸冰读书》所吸引的听众资源，让宸冰书坊天然地将都市的上班族作为主要的服务对象。

　　书坊早10点至晚9点间，免费为周边白领和居民提供多媒体视听和图书通借通还服务。

空间资讯

地　　址：北京市朝阳区东大桥路8号尚都国际中心A座2层0211室
电　　话：13522534983
开放时间：10:00—21:00

良阅·城市书房
以"书"为核心的开放式交流空间

良阅·城市书房是郎园和原朝阳区文化委员会共同打造的 24 小时开放的新型网络化书店，于 2017 年 11 月对外开放。主体建筑分为两部分：一部分是位于长安街畔、郎园北门的"北书房"，面积 70 平方米左右，由以前的门房及保安宿舍改造而来，外面是一个安静的小院，院子里生长着一棵歪脖子枣树，据说这是北京最后一棵郎家园枣树；另外一部分位于园区内部 16 号馆虞社演艺空间南侧玻璃配房内，被大家亲切地称为"南书房"，面积 300 平方米，前身是万东医疗设备厂的大食堂配房。

其中"北书房"主要面对过往行人，里面有 500 余册图书可供手机自助借阅，还有饮料、方便面等出售，为人们提供生活便利。"南书房"空间更为宽敞，有图书 2500 余册，大小桌子 15 张，还可提供咖啡、简餐，目前已成为深受附近社区居民和上班族喜爱的文化家园，书房与周围的柿子树、海棠树、桑树融为一体，无论晴雨，均是风景。值得一提的是，这里正好位于建国路，傍晚很多上班族在此等车去通州或燕郊，他们往往会在不经意间被这样一个温馨的文化场所吸引，进去坐坐。

01
分为"南书房"和"北书房"两部分

02
以"书"为核心的开放式交流空间

03
线上线下相结合的新型网络化书店

空间看点

良阅·城市书房就像整个大院的一间"公共书房"和"公共客厅",此处以"书"为名,却并不只有"书",书友会、文化沙龙、微型艺术展、电影晚自习、专业表达训练营、朗读配音室……该书房已成为一个以"书"为核心的开放式交流空间、线上线下相结合的资源平台。

空间资讯

地　　址：北京市朝阳区建国路郎园 Vintage16号馆虞社南侧
电　　话：17301278263
开放时间：24小时

北京三联韬奋 24 小时书店（三里屯店）

不打烊的书山行旅

　　北京三联韬奋 24 小时书店，前身为北京三联韬奋书店，为三联书店的全资子公司，成立于 1996 年 8 月，是一家在社会上有较大影响的社科人文书店，现为北京地区著名文化地标。2018 年 4 月 23 日，24 小时不打烊的三联韬奋书店正式进驻三里屯商业街，开业迎客。三里屯分店是三联韬奋书店继美术馆总店、海淀分店、丰台政务中心店之后，在北京的第四家分店。

　　三联韬奋书店三里屯分店位于朝阳区三里屯太古里北侧、三里屯南街 3.3 大厦西侧，营业面积近 700 平方米。

　　开业初期，书店精选上架优质图书品种 15000 种，以三联本版、文学、艺术、学术、文化、生活等阅读板块为主，并将逐步增加到 20000 种。除图书以外，营业范围还包括文创产品、咖啡等。三里屯分店的设计别具一格，其设计灵感源自北宋范宽的《溪山行旅图》，将人们在店内的阅读体验喻为一次在知识文化中的蜿蜒之旅——书山行旅。书，仿若远山，读者徜徉其中，通过高低错落的路径完成各自相同或不同的旅程，品尝千滋百味的文化精髓。

01
2014年4月22日，受到李克强总理致信赞誉

02
文青打卡的人文地标之一

03
进去就想泡在里面一整天

空间看点

空间资讯

地　　址：北京市朝阳区北三里屯南43号楼底商
电　　话：010-64002710
　　　　　010-64001122 转 3061
开放时间：24小时

Page One · 三里屯店

环境雅致，生气盎然

空间看点

01
主打时尚、潮流、经典的风格

02
书店外形仿若一座"木屋"

03
让不同想法的书籍与读者进行灵魂的交流

空间资讯

地　　址：北京市朝阳区三里屯路 19 号院南区 2 号楼 1—2 层 S2-14A-B
电　　话：010-64176626
开放时间：10:00—22:00

　　Page One 品牌创立于 1983 年。北京三里屯店于 2013 年 1 月开业，颐堤港店于 2012 年 5 月开业，北京坊店于 2018 年 1 月试营业。Page One · 三里屯店位于太古里南区，书店外形仿若一座"木屋"，低调简洁。店内主打时尚、潮流、经典的风格，书店二楼现有 300 平方米的餐厅区域，环境雅致，生气盎然。书店一层主要以英文原版书、艺术和设计类书籍为主，二层是各类文具杂货和生活休闲类书籍。

　　书店就像是"红娘"，联结着写书人的思想与读者，让不同想法的书籍与读者进行灵魂的交流。书店并没有提供休息阅读的座椅，各个不同类型的图书区，读者们或席地而坐或倚靠书架，以自身舒适的姿态与书店和谐相处着，专注于读书的人们，谱写着书店的繁华。

Page One · 颐堤港店

现代感和怀旧气息相融合

空间看点

01
脚下的"花朵"

02
怀旧气息

03
书架以黑色和纯木色相搭配,尽显庄重典雅

空间资讯

地　　址：北京市朝阳区酒仙桥路 18 号颐堤港地铁层 50 号
电　　话：010-84260408
开放时间：10:00—22:00

　　Page One·颐堤港店周边有中国铁道博物馆、观复博物馆、蜂巢当代艺术中心、尤伦斯当代艺术中心、木木美术馆、佩斯画廊等。

　　步入书店,首先会注意到脚下的"花朵",再仔细端详,发现黑底白花是用黑白两色马赛克精心拼接而成的,非常雅致。和脚下白色花朵相辉映的是头顶的流线型白色灯饰,使整个书店显得通透和明快。书架不高,即便是矮个子成人和小学生拿最上层的书都不会费劲。书架以黑色和纯木色相搭配,尽显庄重典雅。店员服装也是这两色相搭配,令书店有浑然一体之感。而在书店四周墙壁上,20 世纪最流行的红砖被仔细砌了上去,这让书店在充满现代感的同时,被赋予了别样的怀旧气息。

SKP RENDEZ-VOUS 遇见之地书店

让文化与设计、艺术、美食相交融

　　SKP RENDEZ-VOUS 遇见之地书店位于大望路的北京 SKP 商场 4 楼。"SKP RENDEZ-VOUS"，在法语中意为"约会"。这是个特别适合约会的地方，书店整体艺术氛围浓厚，但也不失活泼的调性。一进去，迎接你的是摆放在展台上的国外原版画册，当代艺术气场强大，具有视觉震撼力，但这些定价不菲的画册并未拒人于千里之外，每一本都有样书可以翻开。而在展台的右侧是一面杂志墙，它们同样是外版，大约有 100 多种。这些生活、美学、设计杂志，是请教时尚界、设计界的专业人士从上万种杂志中筛选出来的，而且都是第一时间从国外引进。学术、文学、财经、历史等类别的读物也非常丰富。

　　和其他书店不同之处在于，书在这家店里既是主角，也可以是配角。因为进入书店很快就会发现，店内竟然出现了奶酪屋、红酒吧。红酒吧收集了来自法国、意大利、西班牙、阿根廷等国家的葡萄酒，而奶酪大师制作的精品，每天都能收获食客的点赞。书店还有咖啡吧和无国界餐厅，它们和书融合在一起，共同拿出时尚生活的解决方案，让人们生活的脚步也不由自主地慢半拍。

　　书店内外版书籍占到了 60%，国内版本的书籍也大多是人文、科学、艺术、

01
书既是主角，也可以是配角

02
奶酪屋、红酒墙

03
当代艺术气场强大，具有视觉震撼力

空间看点

生活类的书籍。在 RENDEZ-VOUS 的书架上，你很难看到传统书店常见到的那些畅销书、流行小说、成功学书籍，但严苛的书籍采购并不会流失顾客，反而让书店展现了自己在文化追求上的一种态度。

SKP RENDEZ-VOUS 仍在不断拓展阅读空间的功能。每周，在面向建国路的落地窗前，作家、艺术家、设计师等都会举办沙龙活动，与读者进行深度对话。书店还不定期举行艺术作品展出、美食美酒品鉴、花艺课程讲座等活动，让文化与设计、艺术、美食相交融。

空间资讯

地　　址：北京市朝阳区建国路 87 号北京 SKP 商城 4 层
电　　话：010-85952539
开放时间：10:00—22:00

朝阳城市书屋·东区儿童医院馆

"阅读＋身心健康"模式

空间看点

01
可以缓解孩子在候诊等待时的焦虑

02
"先洗手，再看书"

03
每个书架旁都放置了免洗洗手液

空间资讯

地　址：北京市朝阳区东三环南路42号（广渠路南侧44号）
电　话：400-010-5000
开放时间：24小时

　　2017年12月27日，北京东区儿童医院设立的全国首家24小时医院图书馆开馆。朝阳区开启医院图书馆建设，让文化之光照进病房，为患儿、家属提供阅读空间。为了方便患者、家长和医院员工阅读，除了在一层开辟20平方米的集中阅读区域，医院还在每层都开辟出空间设置了图书角，形成"1个图书馆+7个图书角"的阅读空间，每个书架上都整齐地码放着青少读物、低幼绘本和家长读物三大类书籍。

　　医院和图书馆的结合，是体现"以人民为中心"服务理念，延伸公共文化服务最后一公里的新尝试，也是践行"为人找书，为书找人，图书惠民，阅读暖心"的新做法。

中信书店·侨福芳草地
热闹都市生活的安静一隅

空间看点

01
设有艺术快闪专区

02
无边界书店

03
主题市集

空间资讯

地　址：北京市朝阳区东大桥路9号楼地下二层LG2-07
电　话：010-85628121
开放时间：10:00—22:00

定位艺术阅读、艺术生活的中信书店旗舰店，不断探索文化＆艺术方式的创新是芳草地店的运营基调，产品内容主题不断翻新，从"智能时代和机器学习"到"一天一堂写字课"，从"令人尊敬的小薄书"到"来自未来的文学"，把握读者阅读的新动向，引领阅读新趋势，为读者提供更丰富的阅读场景。

芳草地店不仅陈列了来自国内外的各类艺术图书作品，还是各种先锋艺术品的快闪舞台，展陈书籍与艺术产品定期更新，紧随艺术文化潮流，帮助读者获取当下新鲜艺术资讯；芳草地店将贯彻艺术文化先锋站的定位打造，不仅将加强艺术书籍与产品的销售和展示，还将更多地为国内新锐艺术家、先锋艺术家、艺术团体提供更多展示空间，并积极联合艺术机构和组织在店内举办各种小型艺术展和艺术快闪专区。

中信书店·世贸天阶店

世贸天阶商圈的舒适角落

空间看点

01
服务员小读者的特色空间

02
多种亲子活动

03
提供多款儿童文创产品

空间资讯

地　　址：北京市朝阳区光华路9号1号楼二层02商业内L230、L231号
电　　话：010-53092411
开放时间：10:00—22:00

　　中信书店·世贸天阶店成立于2018年4月，空间面积315平方米。为服务世贸天阶商圈的家庭客群，并结合世贸天阶店自身定位和产品特点，世贸天阶店还会在店内不定期举办儿童读书、分享、互动活动，特别是一些中国传统文化手工艺品、手作的亲子活动，受到广大家庭客群的欢迎；为了更好地服务商圈的小读者，世贸天阶店内单独开辟儿童阅读区域，对区域进行了有针对性的装饰，造型可爱、体感舒适的小桌椅也都经过环保检测，让儿童读者在舒适、安全的环境中阅读图书产品。此外，还提供多款儿童文创产品给小朋友们进行现场互动，让儿童和家长在安心舒适的环境中享受亲子时光。

中信书店·中海环宇荟店
走入企业、服务企业的优秀代表门店

空间看点

01
走入企业、服务企业的书店空间

02
与所在区域周边、楼宇企业进行深入合作

03
书店还致力于促进全民阅读开展

空间资讯

地　　址：北京市朝阳区安定路5号院6号楼3层L303单元
电　　话：010-84109166
开放时间：10:00—22:00

中信书店·中海环宇荟店成立于2018年5月,空间面积256.84平方米。该书店是走入企业、服务企业的优秀代表门店,积极与所在区域周边、楼宇企业进行深入合作,不仅为周边企业提供下午茶及会议茶歇服务,还为周边企业提供读书会＆党团建活动场地;环宇荟店在周末及节假日特别为周边社区的家庭读者客群提供读书分享会、作者签售会、茶歇活动等服务,将文化服务与阅读产品带给周边社区的用户与家庭。

书店自营业以来,在购物中心中庭已举办4场、累计到场读者逾3000人的大型作者见面会活动,线上直播参与人数更是达到了4.6万人次。书店还致力于促进全民阅读,更多地走入社区,联动幼儿园,组织周边社区住户、儿童读者积极参与各类读书活动。

中信书店·合生汇店

"庭院式书店"设计理念打造的场景书店

  中信书店·合生汇店成立于2017年12月，空间面积512平方米。合生汇店是一个创新性"庭院式书店"设计理念打造的场景书店，挑高阅读环廊绿意悠悠，临窗而坐，眼前是开放的户外景象，脚下是绿植和鹅卵石装点的小堤，精致的陈设与布局搭配每一本精选的文字作品，为每一位读者营造一个安详的阅读空间，使其尽情舒展身体与心灵。

  读者置身书店之内，却如闲坐春园之中，在庭院中的怡然与清雅在书店中也能淋漓感受。

  作为北京市首家"气味书店"概念店，合生汇店会不定期联合合作供应商为当期主推书籍（内容、体裁、名称等）打造一款特定香氛作为当期书店的主题气味感官，为读者提供更舒适的环境体验，积极提升读者全方位阅读感受。

  此外，合生汇店儿童阅读区内特别配置了儿童投屏装置，增强儿童读者的

空间看点

01 北京市首家"气味书店"概念店

02 场景式书店

03 建立家庭阅读＆共读场景

互动体验，将游戏认知与阅读通过光影手段结合，使阅读更有趣味，更具参与感和科技感；建立家庭阅读＆共读场景，满足家庭客群各成员的阅读需求。互动产品与互动装置的应用增加，并分时段由店员带动门店儿童读者的共同阅读，加强互动性与带动性，使家庭阅读更具参与价值。

空间资讯

地　　址：北京市朝阳区西大望路甲 22 号院 1 号楼 2 层 27A 号
电　　话：010-86203226
开放时间：10:00—22:00

115

言 YAN BOOKS

为城市中有共同喜好的读者建立情感联结

言 YAN BOOKS 创立于 2016 年 6 月 19 日。书店致力于提供与国际同步的艺术、设计以及生活方式等主题的优秀出版物，并定期举办与艺术等业界相关的展览和分享活动，为城市里年轻创作者及设计生活爱好者建立情感联结。始终坚持"more ideas for life"的发展理念，在大量了解图书信息的基础上对书的质量和阅读性加以甄别，从出版到市场，流程化全方位评测，独立选书，进一步实现图书选品的优化，为顾客提供最具深度的图书建议和阅读引导，争取赢得京城图书出版界的认可支持。

言 YAN BOOKS 凭借创始人多年的图书发行经验，书店主要为设计师、艺术创作者，以及对美食、旅行等生活品质有较高追求的人提供服务。在书店的设计和图书选择上，也与该定位一致。白色墙面，白色吧台，白色书架，黑色金属框架吊顶，整个空间通透而纯净。

01 白色墙面，白色吧台，白色书架

02 多元的生活化空间

03 定期举办艺术设计等交流活动

空间看点

店内图书汇集了台版、日文和欧美英文原版类书籍，以及进口艺术设计、时尚、生活方式类的精品期刊。其希望通过对艺术、设计等文化出版物的精确定位，多元的生活化空间，为北京这样的国际化都市增添一个国际一流的书店业态。

空间资讯

地　　址：北京市朝阳区青年路润枫水尚 8 号楼 05 底商
电　　话：010-57207109　18911873070
开放时间：10:00—21:00

蒲蒲兰绘本馆

让孩子每次来都有新鲜感

蒲蒲兰绘本馆成立于 2005 年 10 月，空间面积为 234 平方米。一走进大门便可见一条彩虹色的地毯指引着小读者们走入书店空间，沿着"彩虹"可前往二层，白色基调的书架衬托着五彩斑斓的绘本封面。船头造型的独特书架及轮船独有的圆形窗户，让孩子仿佛置身于一艘即将远航的船上。

书店内多处可供亲子阅读的空间极为温馨，可以让孩子待上数小时享受阅读的快乐。书店内一个略低于地面的圆形彩虹地毯也是小读者享受阅读的地方，周末的时候圆形地毯是故事会的集合地。书店的橱窗、展示墙及店内空间每月都会根据不同的节日和节气更换装饰，让孩子每次来都有新鲜感。很多店

01	**02**	**03**	空间看点
毗邻今日美术馆	白色基调的书架衬托着五彩斑斓的绘本封面	让孩子仿佛置身于一艘即将远航的船上	

内的装饰是由店员和艺术老师纯手工制作的。

一楼活动室的墙面也同为彩虹色设计。在这里，每个月都会开展各种与早期阅读相关的有趣活动，以及绘本延伸活动课堂。很多世界级的绘本作者都在这里和孩子们见过面。

空间资讯

地　　址：北京市朝阳区百子湾路32号北京今日美术馆
电　　话：010-58690673
开放时间：10:00—18:30

机遇空间

丰富的知识沙龙，多种多样的品牌活动

机遇空间由北京搜咖机遇网络科技有限公司运营，成立于 2017 年 6 月 16 日。空间分为上中下三层，占地 1500 平方米。推开进入的一瞬间，宽敞明亮的环境氛围会让人豁然开朗，书籍充满在每一个角落的原木色书架上，让人仿佛置身知识海洋，获得绝佳的阅读体验。

在这个全新的第三空间，有多功能剧场、艺术展厅、主题书屋、咖啡厅、屋顶露台……如果你热爱社交，这里有丰富的知识沙龙、多种多样的品牌活动，有一群相同爱好的年轻人聚在一起。机遇空间力求成为第三空间共享经济模式的领导者。

机遇空间藏身于文化地标 798 艺术园区的中心地带，邻近 UCCA 尤伦斯当

01	**02**	**03**	空间看点
原木色书架	邻近 UCCA 尤伦斯当代艺术中心	年轻人游玩打卡的必到之处	

代艺术中心，园区内展馆众多，有伊比利亚当代艺术中心、人民公社、火车头广场，可以说机遇空间是被包围在佩斯、林冠、白盒子、偏锋等美术馆中间，绝对是当下年轻人游玩打卡的必到之处。

空间资讯

地　　址：北京市朝阳区酒仙桥 2 号 798 艺术园 D 区
电　　话：010-57626083
开放时间：10:00—21:00

ART+798 艺术阅读空间

开创 O2O 阅读 + 共享计划

　　ART+798 艺术阅读空间位于全球艺术集合地 798 艺术区内。作为中国童书博览会战略合作伙伴，ART+798 精选好书榜优质好书，大力推广亲子阅读，并开创 O2O 阅读 + 共享计划。空间内定期推出阅读 + 艺术、阅读 + 科普、阅读 + 戏剧、阅读 + 国学等精品课程，并组织双语故事会、大咖讲座、作家见面会、父母成长营等主题活动。

　　ART+798 艺术阅读空间的阅读区共分为七大区域，分别为 0~3 岁、4~6 岁、6 岁以上、艺术启蒙、外文原版、馆长珍藏及中国童书博览会好书榜。图书分类在年龄划分的基础上，又细分为

空间看点

01 图书分类按年龄细分

02 空间内定期推出阅读＋精品课程

03 组织形式多样的双语活动

儿童文字、桥梁书、科普百科、漫画推理、生活健康、语言交流、社会情感、科学探索、数学益智、文化传统、人文历史、中国原创等。

空间资讯

地　　址：北京市朝阳区酒仙桥路798艺术区4号门友谊大厦三层
电　　话：17301057981
开放时间：10:00—19:00

言几又·今日阅读（三里屯店）

三里屯时尚达人的打卡地

言几又是一家极富想象力和创造力、展现自我和个性的创意生活体验一体店。它有书，但它不只是书店；它有咖啡，但它不只是咖啡店；它有文创产品，但它不只是创意市集；它有食品，但它不只是食品店；它有画，但它不只是画廊。言几又是融合了多元素的设计空间，汇聚了当下最具代表性的时尚品牌。

言几又·今日阅读（三里屯店）成立于 2016 年 11 月 22 日，空间面积 500 平方米。露天座椅是夏天街边的惬意歇脚地，成为三里屯时尚达人的打卡地。

01
展现自我和个性的创意生活体验一体店

02
它有书，但它不只是书店

03
融合了多元素的设计空间

空间看点

空间资讯

地　　址：北京市朝阳区三里屯路1号楼通盈中心1-13A/2-13A
电　　话：010-56143971
开放时间：10:00—22:00

言几又·今日阅读（官舍店）

让有灵且美的生活体验成为可能

　　言几又·今日阅读（官舍店）成立于 2017 年 8 月 16 日，位于北京市朝阳区亮马桥东方东路的官舍（The Grand Summit）。该店设置了宽敞的阅读和购书空间，24000 册精选图书构建起一座 777 平方米的文化"堡垒"，包括文学艺术类 10000 余册、人文社科类 7000 余册、台版外版书籍 3000 余册、儿童类书籍 3000 余册。书籍在这里仿佛化身为一件件精美的艺术品，成为流动在字里行间的哲思与情怀，正是文学艺术留给爱书之人的无穷魅力。

　　将文艺调性引入商业地产进行文化运营已成为整个行业的大势所趋。言几又创造性地对公共空间进行了艺术加工与完美释放，坚持"艺术无国界"的品牌理念，无论是雕塑艺术、绘画艺术还是先锋艺术，都在这里融合巧妙，相得益彰，彰显出多元而别致的艺术气质。言几又书店顺应文化行业发展趋势，为艺术消费提供生活体验的入口。以实体书店为核心的生活方式体验空间入驻该

| **01** 为艺术消费提供生活体验的入口 | **02** 开启一场精神与文化的盛宴 | **03** 设置了宽敞的阅读和购书空间 | 空间看点 |

艺术中心,就是希望让承载着人文艺术的书籍与彰显视觉艺术的作品共同为广大文艺爱好者开启一场精神与文化的盛宴。文艺在这里恰如其分地被幻化为现实,读者既能近距离欣赏触摸艺术佳品,还能与艺术家进行更深刻的思想交流,让有灵且美的生活体验成为可能,也让言几又所承载的多元生活理念成为现代城市生活的常态。

空间资讯

地　　址:北京市朝阳区东方东路 19 号官舍南区 2 层
电　　话:010-85323837
开放时间:10:00—22:00

127

湖边草书店

为爱书之人提供结交"书痴"的平台

空间看点

01
无人值守的书店

02
每周举办一次或两次免费讲座

03
免费茶水

空间资讯

地　址：北京市朝阳区水碓子1号楼南侧平房
电　话：18600425160
开放时间：9:00—17:30

　　湖边草书店成立于 2018 年 4 月 27 日，空间面积 200 平方米。该书店是北京市首家无人值守的书店，读者需要刷身份证进入书店。

　　该书店每周举办一次或两次免费讲座、作家与读者见面会，并创办了湖边草书店公众号。免费茶水、热水招待读者在书店免费读书。买书自愿缴费（1元或千元随读者意愿）旨在推动全民阅读、培养年轻人愿意读书的习惯，为爱书之人提供结交"书痴"的平台。

阳曦书店

在双井地区有广泛的知名度和美誉度

空间看点

01
空间分销售区和阅读区

02
书店周围 1000 米以内有多所学校

03
书店拥有自己的多媒体会议场所

空间资讯

地　　址　北京市朝阳区广渠门外大街 28 号楼东一号
电　　话　010-67786334
开放时间　9:00—19:00

　　北京阳曦书店由北京市总工会批准成立于 1999 年 2 月 4 日，属于全民所有制企业，距今已经 20 年。空间面积为 60 平方米，分销售区和阅读区两个部分。

　　双井地标书店阳曦书店对附近社区居民的文化生活形成有力的支持与补充。书店周围 1000 米以内有多所学校，其中小学三所、中学两所。针对学生读者，书店积极准备各种学生课外辅导教材、优质的课外读物，与老师和家长形成互动，受到家长与学生的好评。针对附近居民的需要，该书店组织了大量优质的生活方面书籍，并以优惠的价格销售，受到附近居民的称赞。书店拥有自己的多媒体会议场所，每年多次举办读书交流活动、有奖读书活动，受到附近居民的好评。在双井地区有广泛的知名度和美誉度，影响力辐射周边多个社区，有良好的用户基础。

美联书院

较全面的工艺美术类阅读空间

美联书院成立于 2016 年 12 月，空间面积约 200 平方米。美联书院专注为社会提供工艺美术特色公共服务，收集了 5000 余种工艺美术类经典图书，为全国工艺美术从业者和大众提供了一个专业的、较全面的工艺美术类阅读空间。为工艺美术理念、图书、作品的推广提供了便捷的平台。

01 专注为社会提供工艺美术特色公共服务

02 5000余种工艺美术类经典图书

03 位于中国北京出版创意产业基地先导区内

空间看点

空间资讯

地　　址：北京市朝阳区焦化路甲18号中国北京出版创意产业基地先导区111室
电　　话：15010256913
开放时间：9:00—17:30

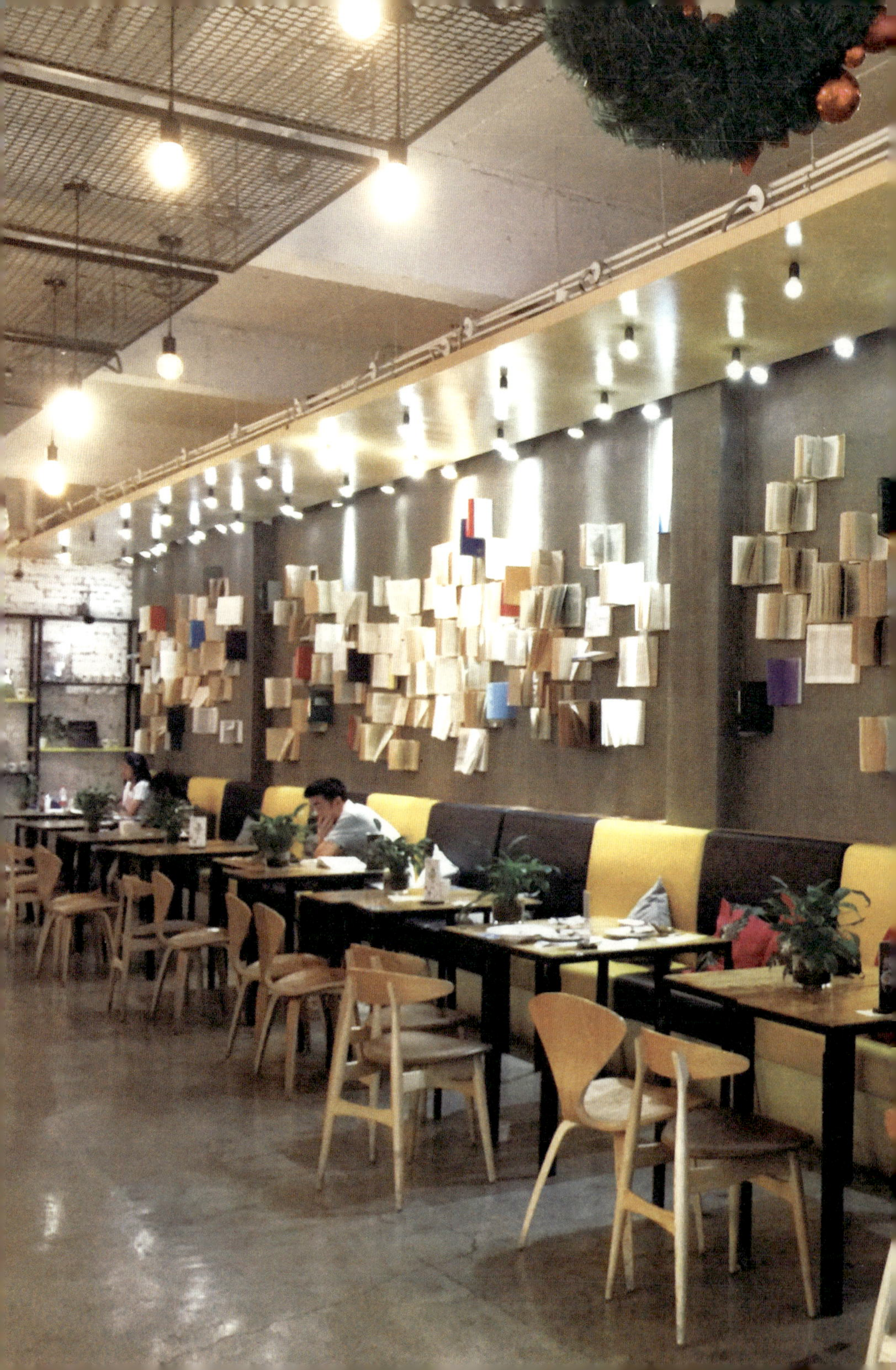

城市功能拓展区·海淀区

　　海淀区位于北京城区西部和西北部,东与西城区、朝阳区相邻,南与丰台区毗连,西与石景山区、门头沟区交界,北与昌平区接壤。海淀区高校云集,名胜古迹众多,著名的北京大学、清华大学、中国人民大学、北京师范大学等高校,颐和园、圆明园、香山等风景名胜都位于海淀区。

- 海淀区图书馆
- 海淀北部文化中心图书馆
- 万科翡翠书院
- 言几又·今日阅读(中关村店)
- 言几又·今日阅读(五棵松店)
- 外研书店·北外店
- 外研书店·东升科技园店
- 新华书店·香山24小时店
- 大地书院
- 十月时光书店
- 中信书店·联想店
- 纸老虎书店
- 邺架轩阅读体验书店

海淀区图书馆
推广"图书馆+"的阅读空间发展模式

　　北京市海淀区图书馆的前身是1917年京师学务局在海淀西大街建立的西郊阅书报处,1979年8月18日海淀区图书馆正式成立,后迁至现址,于2005年12月26日起面向读者开放。空间面积约6000平方米。

　　海淀区图书馆坚持"以人为本、和谐建馆、优化服务、读者至上、深入一线、主动作为"的发展理念和"一切为了读者,为了一切读者"的服务宗旨,把工作的重点放在提高对读者的服务质量、助推核心区文化建设的发展、提高图书馆信息化水平建设上。海淀区图书馆馆藏文献涵盖22大类,包括中文图书、报刊、视听文献、海淀地方文献、古籍、盲文图书等多种文献类型,数字资源达到60TB。馆内不仅为读者提供文献借阅、读者咨询、公益讲座、培训、展览等常规服务,还设有少儿文献专区,可以为0~13岁儿童提供充分的图书文献和阅览空间。此外,海淀区图书馆还在驻区企业中间开展了"公共电子阅览室社会化合作推广"试点项目,在6个专业园区和30家企业、57个社区,配置100多套公共电子资源和阅览设备。

　　为了体现科技与文化融合发展的建设理念,2018年海淀区图书馆打造了信用借阅、共享书柜等一系列智能服务

空间看点

01 打造了信用借阅、共享书柜等一系列智能服务模式

02 配置100多套公共电子资源和阅览设备

03 馆藏文献涵盖22大类

模式,并建成了三山五园、中关村之路、海淀文教、丹棱文苑四个特色数据库,汇集了海淀区特有的文化资源信息。除此之外,海淀区图书馆还充分发挥公共图书馆文化主阵地作用,逐步推广"图书馆+"的阅读空间发展模式,建成了全区首个"24小时自助公共图书馆",并与超市发四道口店合作,成功打造了阅读空间"超书房",真正走完阅读的"最后一公里",让图书馆走到每个人身边。

空间资讯

地　　址：北京市海淀区丹棱街16号海兴大厦C座1—4层
电　　话：010-82605290
开放时间：周一至周五 8:00—18:00
　　　　　周六、周日 9:00—18:00

海淀北部文化中心图书馆

斩获鲁班奖的海淀公共文化新地标

海淀区图书馆（北馆）于 2016 年 7 月 10 日开馆，总面积 30000 平方米，地上五层，地下一层，大开放格局，宽敞通透。馆内基础设施完善，配有自助借还机、图书消毒机、电子阅报机、自助办证机、图书检索机、安全通道门等先进设施，展现了现代化高科技智能图书馆的特征。图书馆设计馆藏 80 万册，设计阅览座席 1200 个。开放时间为每天 9 点至 21 点，全年无休。

图书馆设有图书阅览区、电子阅览区、报刊阅览区、无障碍阅读区、少儿图书馆、主题阅览区，以及多功能厅、休闲交流区和创客空间等不同类型的学习区域。同时可为读者提供丰富的数字资源，并与海淀区及北京市各图书馆实现文献资源共享。在完善基础服务的同时，通过引进 RFID 等先进技术和设备，增设特色服务项目，为读者营造出更健康、更有创意的各类活动，以吸引更多读者，推动全民阅读。

馆内采用大开间无隔断的开放式设计，空间敞亮通透，整体设计简洁时尚，温馨舒适。采用全自助式的借阅管理模式，为读者提供先进的图书借阅设备。目前上架图书 25 万册，一期开放一、二、三层，一层为青少图书及低幼读本，并设立了少儿的万本绘本区；二层为哲学、

01 海淀北部文化活动聚集地　　**02** 现代化高科技智能图书馆　　**03** 为社区居民量身定做的文化讲座

空间看点

社科类、自然科学类、综合性图书；三层为社科类、文学类、自科类和工业技术图书。各楼层均提供电子资源设备，为读者提供内涵丰富的数字资源服务。最大化利用资源优势，打造具有品牌特色的六大文化品牌，通过多维度辐射各个读者群体。同时发挥大型活动优势，通过举办有主题、有亮点、有深度的大型活动，不断提升文化服务品质。

空间资讯

地　　址：北京市海淀区温泉白家疃东路 17 号
电　　话：010-62451159
开放时间：
成 人 馆：周一、周三至周日 9:00—21:00
　　　　　周二 9:00—13:00
少 儿 馆：周一、周三至周日 9:00—20:00
　　　　　周二 9:00—13:00

万科翡翠书院

科技精英心灵与梦想的栖息地

空间看点

01

绿色生态空间

02

科技与人文融合的社区交流场所

03

精英定制图书馆

空间资讯

地　　址：北京市海淀区北清路与永澄北路交会处北1000米处
电　　话：010-56519999
开放时间：9:00—18:00

北京万科翡翠书院，是设计师与万科团队携手倾力打造的集生态城市馆与生活图书馆于一体的多功能建筑体，建筑面积达2500平方米。放眼望去，山峦耸翠，植被环绕，这里是精英云集的人才智库，也是科技前沿的孵化基地。

云中图书馆（V-book）是翡翠书院专门为中关村科技精英定制的图书馆，属于社区配套图书馆。包含10000册由言几又书店精选的畅销书，既包含解锁商业秘密的经管类书籍，又包含广受好评的文学、社科类图书。为科技精英提供一个心灵与梦想的栖息地，同时为科技精英定制一键互联借阅体验、精英图书漂流行动等一系列阅读计划。

言几又 · 今日阅读（中关村店）
汇聚了当下具有代表性的时尚品牌

空间看点

01
想象力和创造力的融合

02
展现自我和个性的创意生活体验一体店

03
简约设计、网红旋转楼梯

空间资讯

地　　址：北京市海淀区海淀西大街35号
电　　话：010-62538803
开放时间：10:00—22:00

言几又是一家极富想象力和创造力，展现自我和个性的创意生活体验一体店。它有书，但它不只是书店；它有咖啡，但它不只是咖啡店；它有文创产品，但它不只是创意市集；它有食品，但它不只是食品店；它有画，但它不只是画廊。言几又是融合了多元素的设计空间，汇聚了当下最具代表性的时尚品牌。2014年6月20日，全国第一家言几又门店——北京中关村创业大街店正式开业。

书店的简约设计、网红旋转楼梯成为大街上亮丽的风景线，受到学生和创业者的青睐。

言几又·今日阅读（五棵松店）

华熙 Live 商圈的唯一文化生活体验店

空间看点

01
简洁的装修风格让人舒服

02
精致的文具、礼物

03
年轻人和中小学生阅读休闲场所

空间资讯

地　　址：北京市海淀区复兴路 69 号 HI-UPG 层
电　　话：010-68158821
开放时间：10:00—22:00

书店成立于 2016 年 11 月 29 日，空间面积 680 平方米，是位于华熙 Live 商圈的唯一文化生活体验店，吸引了众多年轻人和中小学生阅读休闲，经常座无虚席。安静的环境、简洁的装修风格让人舒服，书的选择符合整条街的氛围，创客和互联网类的非常多，文艺类书刊也较多，定位鲜明。在这里还可以买到很多精致的文具、礼物，包括本子、包包、保温杯、时钟、玩偶等可爱玩意儿。如果时间充足，坐下来点杯饮品，看看书，打发打发时间是件很惬意的事。

外研书店·北外店
外语学习者心中的圣地

空间看点

01
来这里读世界

02
外语书类别丰富

03
多元文化空间

空间资讯

地　　址：北京市海淀区西三环北路19号北京外国语大学北外国际大厦1—2层
电　　话：010-88819434
　　　　　010-88819915
开放时间：9:00—19:00

外研书店成立于1993年8月,现在空间面积为1200平方米。2016年9月10日,23岁的外研书店重装开业,在保持外语优势特色的同时,新增人文社科、亲子阅读、咖啡文创、艺术空间等区域。儿童区的设计可谓别具匠心,由于儿童区与书店二层的学术语种类书籍中间有墙体相隔,整体环境相对封闭,设计师特意将儿童区的屋顶做成镜面效果,一方面拓展了空间,另一方面增加了童趣。外研书店倡导并支持全民阅读,始终秉承"以图书为纽带,以展览和活动为媒介,以培训和会员服务为落地"的阅读空间理念。

空间主要针对或服务的群体:西三环周边师生及居民。由于外研书店地处北京外国语大学校园内,几经搬家,都没有搬出校园的围栏,因此在服务群体上有一定的局限性。外研书店正在通过更多优质的讲座、展览,不断地扩大辐射半径。

外研书店·东升科技园店

科技园里的书店数它"戏最多"

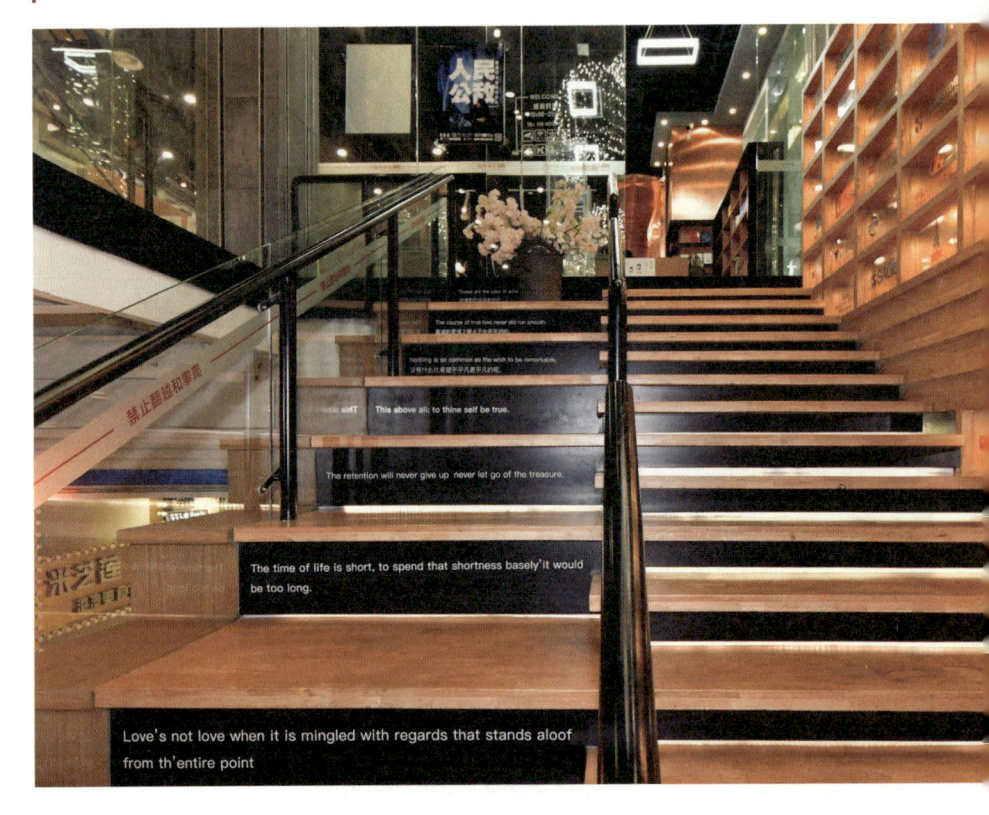

外研书店是一家有着25年历史的品牌书店，作为北京外研书店的第一家分店，外研书店东升科技园店依托外研社与外研书店总店的文化底蕴和历史内涵，于2018年4月22日在海淀区东升科技园正式营业，空间面积1000平方米。书店致力于打造书店服务科技园区的示范书店。外研书店承托了东升科技园对于园区服务品牌理念的诉求：科技与文化。是融合了科技、文化、生活美学与艺术态度的复合型体验空间。

在文创方面，书店和著名作家、设计师杨小洲合作，共同打造系列文创笔记本，目前已有5款25种上市。值得一提的是，书店得到了出版界前辈钟叔河授权，制作了他手绘的"钟叔河描摹陈老莲水浒叶子笔记本"。在活动方面，书店活动形式多样，涵盖学术论坛、文

01	02	03	空间看点
高质量的文化沙龙	为科技园区读者精心设计的特色选书	沉浸式的阅读环境	

化沙龙、诗歌朗诵会、艺术展演普及、亲子阅读、主题画展等，也逐步打造了"致敬"系列诗会、"国际诗歌之夜"、"费孝通思想研究讲坛"、"午间有戏"等品牌活动，现场参与人数过万，直播浏览量超过 150 万人次。

空间资讯

地　　址：北京市海淀区东升镇西小口路东升科技园 b6 楼一层
电　　话：010-82728998
开放时间：夏季 10:00—21:00
　　　　　冬季 9:30—20:30

新华书店·香山24小时店

香山脚下静读书

空间看点

01
香山脚下

02
24小时书店

03
多元业态

空间资讯

地　址：北京市海淀区香山北辛村甲54号
电　话：010-62591426
开放时间：24小时

　　新华书店·香山24小时店位于香山公园与北京植物园之间，图书类别涵盖社科、历史、旅游、少儿、文学等。香山新华书店营业面积近200平方米，升级改造后的购书环境相较于以往得到了全面的优化与提升。店面整体以驰名中外的香山红叶为主视觉设计，店外红色外立面配以新华书店标识，格外醒目；店内采用温暖、舒适的装修风格，配合整体设计的"红叶"天井灯、明亮优雅的落地窗、清晰可见的标识指引、错落有致的半环形书架，温馨惬意。加之弥漫的咖啡醇香、舒适的圆桌座椅，打造时尚、温馨、舒适的阅读空间，在香山地区营造一处颇具文化气息的静宜书苑。

大地书院

以地质专业图书为主,地质科普为辅

空间看点

01
设有亲子阅读馆

02
新书发布会、阅读沙龙、各种艺术培训及沙龙

03
整体设计是复合式多元化的文化空间

空间资讯

地　　址：北京市海淀区学院路31号
电　　话：010-66554506
开放时间：8:00—22:00

　　大地书院成立于2016年9月,空间面积为800平方米。大地书院主要以地质专业图书为主,地质科普为辅,设有亲子阅读馆,有教辅、生活、经管、哲学、政治、青少年、综合类等读物专架,是自然资源部地质科普基地;整体设计是复合式多元化的文化空间,有珠宝首饰、轻奢、文创、化石标本、古玩、红酒、茶艺等;以科普活动为主,有新书发布会、阅读沙龙、各种艺术培训及沙龙等。

　　该阅读空间主要针对或服务的群体是自然资源部系统及部机关、省厅和出版社工作人员,同时服务于周边社区、单位及学校。

十月时光书店

日夜陪伴这座城市有梦想的年轻人

十月时光书店是北京知不足书店的特色分店，位于海淀区海淀图书城（中关村创业大街），属于北京出版集团全资子公司的分支机构。近年来，随着中关村创业大街的全面建设，原有图书业态逐步退出，书店因响应国家"大众创业，万众创新"的号召，对其重新定位并进行升级改造，将其作为阅读与创意的体验中心，原有图书批发、零售的业态转型为以文学为主题的时尚书店，以"十月"品牌为核心的文创产品，以青年读书会和创业活动为日常活动，融合阅读、活动、科技、创新、体验于一体的实体书店。

十月时光书店以弘扬"十月"品牌为己任，依托十月杂志社、十月文艺出版社、十月少年文学杂志社、十月文学院、十月作家居住地等北京出版集团"十月"品牌出版和运营机构的资源和专业优势，同时发挥书店毗邻北京高校的区位优势，拓展在大学生群体中的影响力，努力将十月时光书店打造成为全方

空间看点

01 大学生自主经营　　**02** "十月"品牌　　**03** 文学青年归属地

位呈现"十月"品牌文化底蕴的主题书店，成为"文学青年归属地"。同时十月时光书店为当代大学生搭建了一个创新与创业的实践平台，希望成为"有志青年聚集地"。该书店是全部由大学生自主经营的创意体验空间，也是中关村唯一一家24小时不打烊书店，意在"陪伴这座城市有梦想的年轻人"。

空间资讯

地　　址：北京市海淀区海淀西大街36号海淀图书
　　　　　城5号楼（中关村创业大街昊海楼）一层
电　　话：010-58572207
开放时间：24小时

147

中信书店·联想店

以视觉、空间设计作为门店一大特色

　　中信书店·联想店成立于2015年10月，空间面积为480平方米。联想店作为一家艺术化社区店，以视觉、空间设计作为门店一大特色，并且聘请专业设计师对书墙进行设计布局，极具视觉艺术特色；联想店拥有宽敞的座位区，常年接待周边各大企业的党团建活动和文化读书活动。联想店营建施工标准及道具选料标准更为严格，软件硬件水准都是同类企业社区书店中的佼佼者。

　　联想店图书产品与京东图书同品同价，完全实现线上线下同价的价格策略，使读者由线上消费向实体店消费转化，彻底打破价差门槛，以价格吸引到店，以服务和场景培养读者习惯，引发带动读者对其他产品和服务的连带消费。联想店为所在区域周边企业员工提供健康早餐菜单服务，企业员工既可以

空间看点

01 艺术化社区店

02 接待周边各大企业的党团建活动和文化读书活动

03 实现线上线下同价的价格策略

订购全周 5 天的早餐套餐，也可以单独购买当日的早餐套餐，售卖的餐饮产品的供应商都经过严格筛选，切实做到健康饮食的标准，同时购买周早餐套餐的企业员工还可以享受"送餐到工位"的特色服务。

空间资讯

地　　址：北京市海淀区西直门北大街 32 号院 3 号楼二层 201 号房间
电　　话：13683248815
开放时间：8:00—18:00

纸老虎书店

有特色的文化综合体

空间看点

01
打造文化休闲广场概念

02
提倡一站式文化消费理念

03
以会员制为服务基础

空间资讯

地　　址：北京市海淀区远大路1号金源购物中心5-15
电　　话：010-88874668
开放时间：周一至周五 10:00—1:30
　　　　　周六、周日 10:00—22:00

　　北京纸老虎文化交流有限公司成立于1999年，是致力于图书、礼品、文具等文化产品的传播与经营的综合性书店。纸老虎书店空间面积1068平方米，其依托于大型购物中心及商圈，打造文化休闲广场概念，提倡一站式文化消费理念，以满足人民群众的一切文化消费需求为服务宗旨。

　　以会员制为服务基础，向广大会员提供丰富的产品以及完善的会员服务。目前拥有的13余万位会员，是书店运营的有力保障。同时书店还为会员提供优质的增值服务，如作者现场签售、文化分享交流会、各类阅读沙龙、知识传播讲座、精美图书展会等，把纸老虎书店建设成集阅读休闲于一体的、有特色的文化综合体。

邺架轩阅读体验书店

以"服务阅读,引领阅读"为理念

空间看点

01
满足以清华师生为主的高校读者的阅读需求

02
联结读者与作者、译者、出版者

03
专家、学者的交流平台

空间资讯

地　址：北京市海淀区清华大学图书馆李文正馆G层(从李文正馆西侧下沉广场进入)
电　话：010-62798511
开放时间：10:00—22:00

邺架轩阅读体验书店成立于2017年4月23日,空间面积710平方米。该书店以"服务阅读,引领阅读"为理念,目标是通过良好的阅读和文化服务,满足以清华师生为主的高校读者的阅读需求,成为一个联结读者与作者、译者、出版者,以及专家、学者的交流平台,形成书店品牌效应,打造既有深度又有温度的卓越的大学书店。

该书店常年举办"邺架轩"品牌系列阅读活动,如"邺架轩·作者面对面""邺架轩·科学在身边""邺架轩读书沙龙"等。

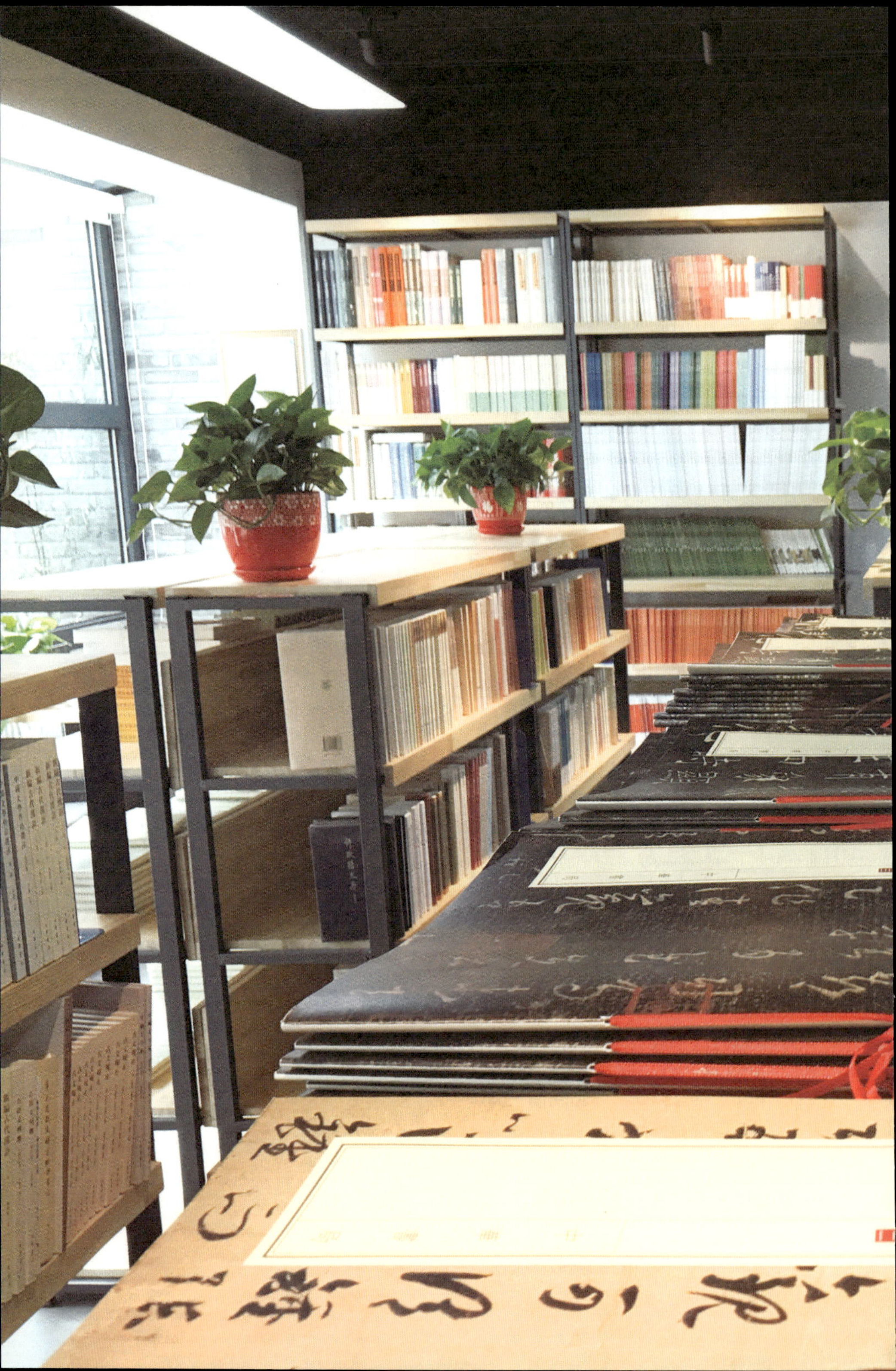

城市功能拓展区·丰台区

丰台区是北京市的城六区之一，位于北京市南部，东面与朝阳区接壤，北面与东城区、西城区、海淀区、石景山区接壤，西北面与门头沟区、西南面与房山区、东南面与大兴区接壤。丰台区东西长35.3千米，南北宽15千米，总面积306平方千米，其中平原面积约224平方千米。全区最高点也是最西端的马鞍山，海拔654米，最低点为东南部的分钟寺，海拔35米。丰台区辖14个街道办事处、2个地区办事处、3个乡、2个镇，下辖323个社区、64个行政村。

◎丰台区图书馆
◎伯鸿书店
◎花园书店
◎北京京昆梨园书店
◎晓阅时光阅读馆

丰台区图书馆

全方位开放、全方位服务的综合性公共图书馆

丰台区图书馆是丰台区唯一的综合性公共图书馆，是公益性文化事业单位。它致力于为本地区党政机关提供文献资料信息服务，为驻地区机关学校、企事业单位、部队提供文献资料信息服务，为本地区社会公民提供图书文献、电子出版物等文献资料借阅服务，为本地区街道、乡（镇）、社区和农村三、四级图书馆提供集体借阅服务。

丰台区图书馆始建于1978年，1989年迁入丰台文化中心大楼，2001年在区委、区政府高度重视下，投资对大楼进行改扩建。扩建后的图书馆设施先进，功能齐全，拥有五层地上建筑，总面积11000平方米。馆内设有开架借阅室、电子阅览室、期刊阅览室、视听室、老年人和残障读者活动室、儿童阅读室、特藏阅览室、地方文献阅览室、工具书阅览室、报告厅、多功能厅等17个服务窗口。丰台区图书馆全年开放，每周开馆时间66.5小时，日接待能力达2500人次，馆藏文献100余万册（件），报刊1000余种。

丰台区图书馆本着"以人为本"的宗旨，树立"全方位开放，全方位服务"的理念，在以花卉藏书为特点的基础上

空间看点

01 丰台区唯一的综合性公共图书馆

02 设施先进，功能齐全

03 花卉藏书

使藏书体现综合性、研究性、多文种和多类型。并充分利用丰富的馆藏资源、舒适的阅读环境，向全社会提供全面、优质、方便、高效的信息服务。

空间资讯

地　　址：北京市丰台区西四环南路64号
电　　话：010-63813793
开放时间：周一至周五 8:30—19:00
　　　　　周六、周日 9:00—17:00

伯鸿书店

两三竿竹见君子，十万卷书思古人

伯鸿书店由中华书局创办。中华书局自创建至今已有 106 周年，以出版中国历史、哲学、文学等方面高水准的学术著作而闻名。伯鸿书店的名称来自中华书局创始人陆费逵（伯鸿）。书店外观装饰上采用青砖青瓦，很有北京文化特色。

伯鸿书店在经营产品上，突出历史、传统文化、国学等，是突出古都历史、传统文化的"最古都"书店。书店还与伯鸿讲堂相配套，每月邀请知名学者在书店二楼举办讲座，为读者打造一个弘扬中华传统文化、凝聚社会正能量、推进全民阅读的平台。给普通读者讲座的都是知名的学者，如楼宇烈、阿城、扬之水、陈鼓应、樊树志，等等。

01
中华书局的新名片

02
"接地气"的专业书店

03
偶遇名家，读者编者相谈甚欢

空间看点

空间资讯

地　　址：北京市丰台区太平桥西里 38 号
电　　话：010-63265380
开放时间：10:00—18:00

花园书店

鸟语花香的花园式书店

花园书店是花神街文创艺术园区的重要组成部分，坐落在丰台区草桥花卉大观园西门旁的花神街里，紧邻京开高速，交通便利，有免费的停车场。花园书店是2018年6月成立的一家新书店，空间面积1488平方米。主要针对草桥附近的居民，目前会员主要以有孩子的家庭为主。花园书店坚持"以书为主、以爱为名，以文润人，多元服务"的原则，借助园区草木葱郁、小桥流水、空气清新的独特环境，不断优化布局，打造绿植环绕、鸟语花香、涓涓水流、具有环保理念、空气怡人的天然氧吧式新型示范书店——这也是花园书店区别于普通书店的特色之一。

书店将多产业融合发展，打造特色休闲文化空间，花园书店将围绕爱情文化，对接园区资源，做好文化空间。发挥书店图书展销、阅读体验、图书借阅、艺术展览、时尚文创、非遗文化、文化活动广场的多业态组合，以"书店+"为基本模式，以"阅读服务+"为基本理念，以"+互联网"衍生出各种服务场景，通过会员制模式提供周到的顾问式阅读服务，提升用户体验，增强用户黏性，让花园书店与园区内的影视娱乐、

01	**02**	**03**	空间看点
环保天然氧吧	绿植环绕的阅读环境	香茗书画	

婚恋婚庆、创意设计、动漫游戏、文化旅游等相关行业板块融合发展,打造"有特色、聚人气"的特色文化空间。

空间资讯

地　　址：北京市丰台区世界花卉大观园西区御园1号
电　　话：010-87501388
开放时间：夏季 9:30—20:00
　　　　　冬季 10:00—18:00

北京京昆梨园书店
中国戏曲传统文化专题书店

空间看点

01

实体戏曲类专业书店

02

国粹文化桥头堡

03

戏曲文化传承

空间资讯

地　　址：北京市丰台区万泉寺400号中国戏曲学院院内西门
电　　话：010-63497790
开放时间：8:30—18:00

北京京昆梨园书店前身为"中国戏曲学院梨园书店"，该店于1988年成立，至今30余年，营业范围始终围绕中国戏曲传统文化。是目前成立时间最早、特色最鲜明、影响力最广泛的实体戏曲类专业书店。该店多年来，以服务于教学、服务于师生、服务于社会为经营宗旨，且深受社会专业团体及海内外戏迷朋友的关注和热爱。

2007年，该店被北京市文化文物局授予首批"正版销售示范单位"荣誉称号。后因特色鲜明被收入市政网。中央电视台戏曲频道、中央人民广播电台、《北京青年报》、《香港文汇报》等媒体单位多次实时报道，撰文赞誉。

晓阅时光阅读馆

在轻松自在的环境里迎来一天的阅读时光

空间看点

01

复合功能、美学设计、读者分类服务的书店新模式

02

全身心浸入式体验阅读

03

丰台区首家24小时阅读空间

空间资讯

地　　址：北京市丰台区晓月中路24号
电　　话：15811052750
开放时间：10:00—20:00

晓阅时光阅读馆营业面积150平方米，上架图书3000多册，文化惠民辐射可达20平方千米，为辖区居民家门口广受好评的综合文化活动空间。

空间在设计上以原木色为主，融入现代元素，打造简约、大气、开放的阅读空间，用绿植营造自然氧吧氛围，搭配的咖啡和西式简餐相得益彰，让读者可以在舒适的空间中，全身心浸入式体验阅读的品质享受。与此同时，集阅读、文化讲座、小型观影会、文创产品展销等于一身，复合功能、美学设计、读者分类服务的书店新模式让晓阅时光阅读空间显得别具一格。

晓阅时光阅读馆是丰台区文化委员会和宛平城地区办事处在拆除违建后原地提质改建的丰台区首家24小时阅读空间，旨在全天候为辖区居民提供精神文化"大餐"，以创造良好的阅读环境、提供优质的阅读内容、开展丰富的"阅读+"活动为主旨，为广大的阅读爱好者创建更宽广的文化交流平台。

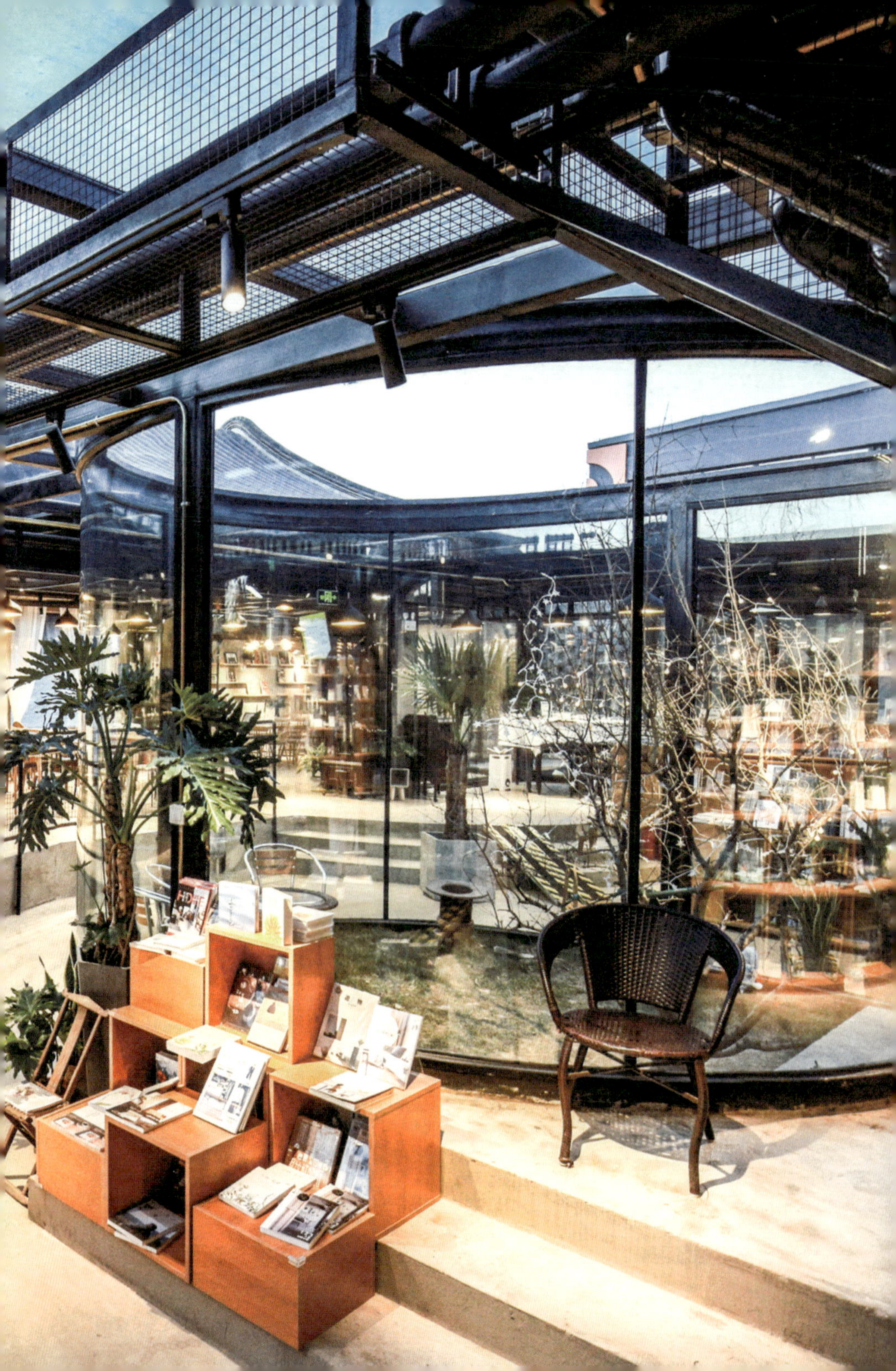

城市功能拓展区·石景山区

　　石景山区是北京市六个主城区之一。位于长安街西段,最东端距天安门14千米,面积84.38平方千米,暖温带半湿润气候。常住人口63.9万人(截至2011年底)。交通畅捷,可进入性强。石景山因"燕都第一仙山——石景山"而得名,自古就是京西历史文化重镇。区域内山地面积占23%,城市绿化覆盖率为47.09%。人均拥有公共绿地面积达73.89平方米,居北京市城区首位,是北京市城区中山林资源最丰富、绿化覆盖率最高、人均拥有公共绿地最多的地区。

- 石景山区图书馆
- 石景山区图书馆八宝山街道图书分馆
- 朗园 Park 良阅书房
- 全民畅读·特钢店
- 全民畅读·郎园 Park 店
- 新华尚领·新华书店网上商城阅读体验中心旗舰店
- 文轩云图·24小时智能书店

石景山区图书馆

高端与普惠并举，打造"书聚石景山"品牌

　　石景山区图书馆馆舍总体建筑密度小于40%，绿化率大于30%，透明玻璃幕墙围合而成的四层通高中庭，增加了建筑空间的层次感和趣味性，通过中庭等空间设计有效地改善了馆内采光通风，活跃室内空间气氛，质感和色彩体现出了传统和现代的双重属性，完整的体量关系赋予建筑稳重的性格特征，充分体现了图书馆建筑应有的文化底蕴。

　　石景山区图书馆紧密围绕培育和践行社会主义核心价值观的时代主旋律，以"弘扬中华优秀文化""传承红色基因"为主线，努力将文化与科技融合，高端与普惠并举，立足石景山区区情，围绕"书聚石景山"品牌，将读者活动通过讲座、读书会等喜闻乐见的形式推介给读者，逐渐形成了"石图讲坛""红领巾读书""小小书虫俱乐部""快乐阅读直通车"等多个品牌活动。

　　石景山区图书馆作为地区公共文化服务的主要阵地，始终坚持"读者第一，服务至上"的办馆宗旨，面向读者提供

空间看点

01 弘扬中华文化，传承红色基因

02 文化与科技融合

03 围绕"书聚石景山"开展阅读活动

书刊借阅、文献查询、阅读指导、电子阅览、自习、政府信息查询、地方文献特色服务、少儿特色借阅等服务，面向企事业单位、学校、部队开展集体借阅及阅读推广服务，面向政府机关开展决策参考、二次文献、课题等服务；面向老年人、残障人士、军人、未成年人等开展特色服务。

空间资讯

地　　址：北京市石景山区八角南路2号
电　　话：010-68878259
开放时间：
借阅室、自习室、报刊阅览室：
　　周一 12:30—19:00
　　周二至周五 8:30—19:00
　　周六、周日及节假日 9:00—17:00
资料室、外文阅览室、电子阅览室：
　　周二至周五 8:30—11:30，13:30—17:00
　　周六 9:00—17:00
夜间自习室：周一至周五 19:00—20:30

石景山区图书馆八宝山街道图书分馆
藏于街道文化中心的黑胶唱片图书馆

　　北京市石景山区图书馆八宝山街道图书分馆位于北京市石景山区远洋沁山水上品26号楼，占地面积187平方米，现有藏书10000余册，阅览座位30个。八宝山街道图书分馆是现代化公共图书馆，以"家+"为理念，定位为一个社区文化客厅。

　　八宝山街道图书分馆倡导全民阅读，建设丰富的精神世界。馆内电子读报机内容实时更新，免费对外开放，实现了传统阅读（纸质图书）+电子阅览（电子图书、连环画式音乐、国学及数字百科）双服务，丰富了居民的阅读形式。馆内收录了涵盖党史党建、政治经济、历史军事、文学艺术、儿童亲子等各类图书。同时，空间内还设有黑胶唱片体验区，唱片由运营方华录旗下的中国唱片总公司无偿提供。除此之外，两台跨越了一个多世纪的留声机，一台为1907年制作的爱迪生第二代滚筒留声机，另一台为1913年首批发售的爱迪生圆盘柜式留声机，吸引了大量群众驻足观赏。

空间看点

01 文化欣赏空间

02 黑胶文化

03 "廉政专架""幼儿绘本借阅专区"

八宝山街道图书分馆自成立以来，共举办各类"小小书虫俱乐部""社区朗读者"图书阅读会、图书漂流、公益图书展览、公益讲座等活动近80场，活动覆盖各年龄段、各阶层人群，直接参与人次超过4300人，真正成为广大党员群众和社区居民的文化客厅。

空间资讯

地　址：北京石景山区远洋沁山水上品26号楼二层
电　话：010-68667530
开放时间：周一至周五 9:30—20:00
　　　　　周六、周日 9:30—17:00

朗园 Park 良阅书房

京西旧货市场华丽转身成新型阅读空间

朗园 Park 良阅书房位于石景山区郎园 Park 艺术园区内，于 2018 年 7 月下旬正式运营接待读者，一个月共接待读者 2000 余人次。馆舍建筑面积 300 余平方米，藏书 6000 余册，是石景山区图书馆基层图书分馆及公共电子阅览室成员单位，图书实现全市"一卡通"通借通还服务，数字资源免费在线阅览、下载。

该书房以"书"为黏合剂，采用线上线下交互式运营方式，将阅读与生活美学、电影、艺术、音乐、戏剧等相结合，通过多维文化活动和会员平台运营，挖掘书背后的文化价值，打造一个以"书"为核心，集"产品体验""生活方式浸入""精品文创展示"于一体的线上线下交互式体验空间，将书房有限的物理空间拓展成更宽广的文化体验和交流互动式平台。

01 京西的特色城市公共文化客厅

02 以"书"为黏合剂

03 传统文化与现代元素有机互动

空间看点

空间资讯

地　　址：北京市石景山区郎园Park艺术园区内
电　　话：13146880268
开放时间：10:00—18:00

全民畅读·特钢店

破败厂房"长"出时尚阅读空间

全民畅读·特钢店位于石景山区杨庄大街69号特钢园区内。场地面积约500平方米，可同时容纳80人左右。

全民畅读·特钢店是石景山区图书馆基层公共电子阅览室成员单位，场馆内免费提供数字资源在线阅览、下载，图书免费阅览、优惠售卖及电影免费鉴赏等文化服务。还提供基础餐饮（咖啡轻餐）、空间场地、文化产品消费、文化活动培训等文化服务项目，满足用户多元化的文化消费需求。

2017年，全民畅读·特钢店荣获第七届书香中国·北京阅读季"阅读示范社区奖"和"2017年度中国十佳特色书店"的称号。

01	02	03	空间看点
真实还原工厂时代文化印记	高颜值复古个性书店	老厂房里的精神家园	

空间资讯

地　　址：北京市石景山区杨庄大街69号首特钢厂区内抗震园众创空间一层
电　　话：010-68871561
开放时间：工作日 10:00—19:30
　　　　　节假日 10:00—21:30

全民畅读·郎园 Park 店

可以在花园里分享的阅读时光

全民畅读·郎园 Park 店所在的郎园 Park 园区是北京市在 2018 年度重点打造的文创园区项目，园区所在地的前身是古玩市场和旧货市场，曾经大片的平房院落经过疏解腾退和规划改造后，一个全新的文化创意产业园区呈现在世人眼前。

全民畅读·郎园 Park 店是以平房院落为基础进行设计改造，由国内知名建筑空间设计师史洋老师亲自操刀主持设计的，结合场地和建筑本身的特点，一个"可以在花园里分享阅读时光"的设计理念浮出水面，充分利用平房院落在空间上得天独厚的"接地气"优势，将阅读（精神食粮）、美食（物质食粮）、运动（身体健康）这三个看似互不兼

01	**02**	**03**	空间看点
国内知名建筑空间设计师匠心之作	"接地气"的平房院落	同一屋檐下完成精神、美食、健康的满足	

容的板块巧妙地融合到同一个屋檐下。正所谓闹中取静，静中有动，互为因果，互为表里，既能独立存在，又可互相加持。

空间资讯

地　　址：北京市石景山区郎园Park艺术园区内
电　　话：18600003252
开放时间：9:30—21:30

新华尚领·新华书店网上商城阅读体验中心旗舰店

以互联网思维运营的新华旗舰

新华尚领阅读空间在设计上融入"燕都第一仙山"石景山、北京的母亲河永定河石景山段等石景山区历史文化资源要素，致力于打造具有石景山区历史文化特色的地标性空间。阅读空间功能齐全，有阅读演讲交流区、"子弟兵"阅读空间、IR少儿创新体验区、京西书画文化艺术交流区、24小时无人自助借阅空间等十多个功能区。启用仪式当天，由李建臣带来的"名家开讲"第一课《水上漂来的城市——北京与运河》在店内开讲，吸引了众多读者的关注聆听。

新华尚领阅读空间是全国新华书店系统共建的网上图书销售平台——新华书店网上商城电子商务平台旗下的首家线下读者阅读体验旗舰店，除了自助购书机，阅读空间配备有24小时无人自助借阅空间。

与新华尚领阅读空间同时亮相的还有新华书店网上商城全国首家线下阅读体验中心"新华书店宋书房"，它以国家珍藏的绝世珍稀宋版书为特色，还原

01
复合型阅读活动空间

02
线上线下的积极延伸

03
满足京西百姓多种阅读需求

空间看点

出版从先秦、唐宋至明清的儒释道、古诗文、书画琴棋、本草等多种经典古书艺术珍品。新华书店宋书房将定期邀请高校专家学者和社会文化名流举办讲座、活字印刷、名碑拓片等体验交流活动。

空间资讯

地　　址：北京市石景山区八角西街36号新华尚领阅读体验中心一层
电　　话：010-68867741
开放时间：9:00—21:00

175

文轩云图·24小时智能书店

遍及街道的无人书店

空间看点

01 智能阅读服务终端

02 家门口的24小时书店

03 无人零售模式

文轩云图·24小时智能书店是石景山区创建公共文化服务体系示范区，鼓励扶持实体书店发展，丰富市民群众阅读生活，营造书香石景山文化氛围的一项具体举措。于2018年4月投入使用，目前在全区共开通运营37个网点。

文轩云图·24小时智能书店是在国家大力推动全民阅读的背景下，面对新时期市民阅读需求和阅读方式的升级和转变，采用政府购买服务的模式，借助互联网、物联网等新型技术手段，构建的一种全新的阅读服务模式。围绕社区阅读人群的需求，智能书店将阅读服务植入城市街道、商圈、社区、文化广场等公共区域，打造城市15分钟阅读文化圈，将公共文化服务的触点延伸到市民身边，降低了市民的阅读成本，并通过公共文化服务"最后一公里"的打通，真正地将阅读融入市民生活场景，让阅读成为一种生活方式。

空间资讯

地　　址：北京市石景山区各社区街道
电　　话：400-028-1039
开放时间：24小时

附：石景山区相关 24 小时智能书店网点信息

网点名称	网点地址
[智能书店] 八角南路	北京市石景山区八角南路社区服务分中心门口
[智能书店] 八角中里	北京市石景山区八角路 40 号门卫超市旁
[智能书店] 八角文化广场	北京市石景山区八角社区路八角街道办西侧
[智能书店] 八角古城公园	北京市石景山区古城公园南门
[智能书店] 鲁谷首航超市吴庄店	北京市石景山区首航超市吴庄店（鲁谷大街 45-4 号）
[智能书店] 苹果园雍景四季小区	北京市石景山区雍景四季与西黄新村西里 10 号楼之间
[智能书店] 金顶街第四小学	北京市石景山区金顶街与金顶北路交叉口
[智能书店] 苹果园八大处社区	北京市石景山区八大处路 6 号社区居委会门口
[智能书店] 金顶模式口村南小街	北京市石景山区模式口村步行街
[智能书店] 鲁谷社区办公楼外	北京市石景山区鲁谷南路 8 号鲁谷社区办公楼外
[智能书店] 八宝山三山园社区	北京市石景山区鲁谷永乐小区（鲁谷路南）
[智能书店] 八角雕塑公园	北京市石景山区雕塑公园南门
[智能书店] 八角北路社区	北京市石景山区八角北路 21 号楼旁净水机旁
[智能书店] 八角北里	北京市石景山区八角西街甲 32 号
[智能书店] 五里坨健身广场	北京市石景山区隆恩寺路 18 号院健身广场
[智能书店] 金顶首钢小区	北京市石景山区模式口南里首钢小区门口
[智能书店] 古城金融街	北京市石景山区古城南街
[智能书店] 古城滨和园	北京市石景山区燕堤南路 1 号院（石景山区水泥厂后身路）
[智能书店] 石景山区人民政府	北京市石景山区石景山路 18 号
[智能书店] 鲁谷七星园社区	北京市石景山区七星园北警务工作站东侧
[智能书店] 古城街道西路北社区	北京市石景山区古城西路北社区休闲广场
[智能书店] 古城街道古城路口	北京市石景山区古城路 16 号 – 附 1 号（99 优选酒店旁）
[智能书店] 广宁街道办事处	北京市石景山区新立街 4 号斜对面
[智能书店] 金顶街街道模西社区	北京市石景山区金顶街街道模西社区大门口宣传栏东侧
[智能书店] 广宁街道社区服务中心	北京市石景山区广宁街道社区服务中心
[智能书店] 古城街道老古城西社区	北京市石景山区老古城西社区民俗馆门口北侧
[智能书店] 苹果园街道苹四社区	北京市石景山区苹果园路 6 号苹四社区地下车库对面
[智能书店] 石景山区人力资源和社会保障局	北京市石景山区杨庄路 66 号社保局院内
[智能书店] 广宁街道高井路社区	北京市石景山区高井路 21 号社区居委会门口
[智能书店] 八宝山远洋山水	北京市石景山区鲁谷东街 12 号
[智能书店] 苹果园街道枫二社区	北京市石景山区西山枫林三期 6 号楼后
[智能书店] 八大处中西医结合医院	北京市石景山区实兴东街 11 号
[智能书店] 环铁社区	北京市石景山区杨庄大街 18 号（环铁社区地铁大楼 2 号楼）
[智能书店] 苹果园街道边府社区	北京市石景山区刘娘府路 9 号院 8 号楼底商
[智能书店] 八角景阳东街第二社区	北京市石景山区景阳东街 67 号院 1 号楼东侧
[智能书店] 八角黄南苑社区	北京市石景山区首钢黄南苑居民小区
[智能书店] 八角杨庄北区社区	北京市石景山区杨北社区居委会南侧电子显示屏旁

北京阅读空间漫游指南（2019—2020）

PART THREE

城市发展新区

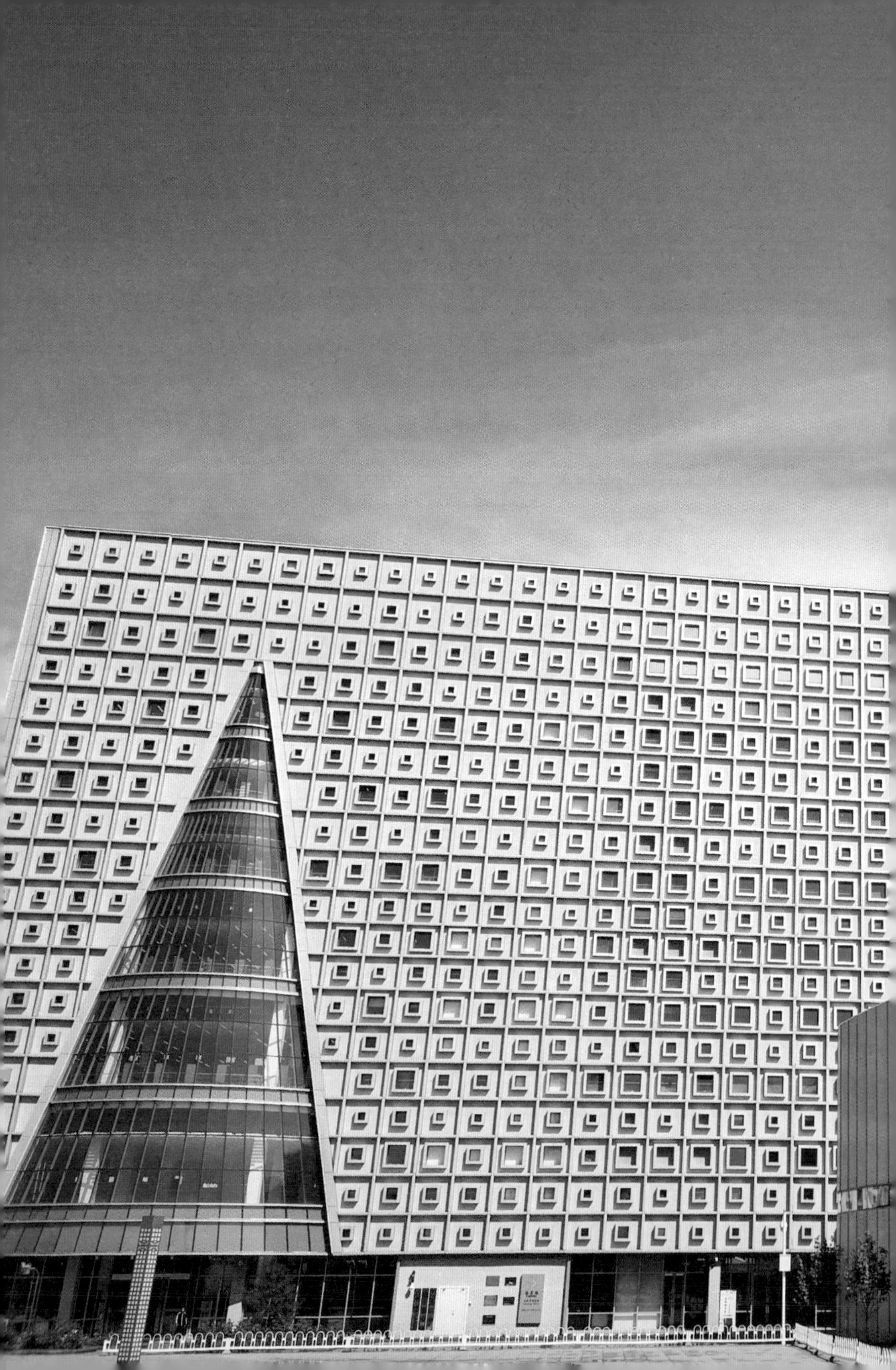

城市发展新区·房山区

　　房山区隶属于北京市，地处华北平原与太行山交界地带，介于北纬39°30′~39°55′，东经115°25′~116°15′，是首都的西南门户。区政府所在地良乡是《北京市总体规划》中首都十四个中心卫星城之一，距京城（六里桥）25千米，占地面积1989.5平方千米。截至2016年末，房山区常住人口109.6万人，户籍人口81.3万人，其中，常住外来人口28万人。截至2016年末，房山区有28个乡镇、街道、地区办事处，459个行政村，132个社区居委会。2016年房山区实现地区生产总值（GDP）593亿元，比2015年增长6.7%。2016年12月，被列为第三批国家新型城镇化综合试点地区。2017年房山区被重新确认为国家卫生区。

◎房山区图书馆
◎房山区图书馆城关分馆
◎房山区图书馆国学分馆
◎小石头绘本馆
◎萤火虫童书馆

房山区图书馆
时尚便捷、智能个性的区域中心图书馆

空间看点

01
时尚雅致的图书馆主体建筑

02
方便智能的图书借阅设备

03
开放式阅读空间格局

空间资讯

地　　址：北京市房山区长阳镇广阳A区
电　　话：010-80381966转8067
开放时间：周一至周日 9:00—19:00（假期另行通知）

　　房山区图书馆成立于1983年，秉承"开放自由、智能便捷、个性特色"的建设理念，内部空间主体色调采用橘黄、深灰、浅米等颜色，给读者带来视觉享受。图书馆配备时尚、前沿的办公设备，自动借还机、自助办证机、无线射频识别技术（RFID）等给读者带来更便捷的服务。馆内设置中央空调系统、火灾自动报警系统、消防控制系统、图书信息管理系统、综合布线系统，使整座建筑具有智能化和现代化的特点。布局注重以人为本、开放式的理念，采用大开间设计，提供开放式的借阅空间，读者可以自由浏览和借阅所需图书，实行藏书、阅览、外借、自习、自动化管理于一体。

房山区图书馆城关分馆
老城关的浓厚书香

空间看点

01
老城关旧馆

02
馆藏图书 40 余万册

03
全年免费开放

空间资讯

地　　址：北京市房山区城关东大街 15 号
电　　话：010-69313103
开放时间：周六至周一
　　　　　9:00—17:00
　　　　　周二至周五
　　　　　9:00—18:30

　　房山区图书馆城关分馆位于房山区城关东大街 15 号，隶属于原房山区文化委员会。建筑面积 3362 平方米。馆藏图书 40 余万册，期刊 600 种，报纸 72 种，设有阅览座席 328 个。房山区图书馆始终坚持"读者为本，服务至上"的服务理念，全年免费开放。

房山区图书馆国学分馆

书声琅琅，弹琴筝，品香茗

空间看点

01 良乡文庙

02 古建筑里的图书馆

03 国学与茶艺

空间资讯

地　　址：北京市房山区拱辰南大街良乡文庙
电　　话：010-60339501
开放时间：8:00—11:30
　　　　　14:00—17:30

良乡文庙古称"文苑"，又称"学宫"，是房山区文物保护单位。位于房山区拱辰南大街，是明、清两代祭祀孔子的地方。始建于明代，占地面积约1000平方米。近年来，为进一步保护现有文物，房山区文保所申请专款修缮文庙，让古老的建筑又焕发出新的光辉。

房山区文化活动中心在良乡文庙建立房山区图书馆国学分馆，分别设立图书室与阅览室，馆藏国学图书近3000册。开馆后将加入"北京市公共图书馆计算机服务网"，即"一卡通"服务网络，联网为广大读者开展文献借阅服务。利用文庙正殿开设国学讲堂，设有座席48个，每周举办2场国学知识讲座。开设茶艺教室，定期举办茶艺讲座，现场讲授茶文化知识。国学分馆常年坚持向社会公众开放，宣讲中国传统美德，学习国学知识，在全民阅读中发挥应有作用。

小石头绘本馆

一颗小石头撬动一个大梦想

空间看点

01

家庭式阅读环境

02

绘本精读服务

03

中英文纸质童书

空间资讯

地　　址：北京市房山区长阳怡和北路1号院8-101（熙悦山南区）
电　　话：13811575313
开放时间：周二至周四
9:00—11:30
14:00—19:00
周五、周六 9:00—11:30，14:00—17:00
周日、周一闭馆

小石头绘本馆是一家会员制童书馆，创立于2016年6月28日，至今已有两年多的时间。专门为0~12岁儿童提供中英文纸质童书的借阅及阅读指导服务。定期组织故事会和绘本创意读写活动，以及在线上为家长提供绘本精读服务。在创造舒适、安全的家庭式阅读环境的同时，小石头专注于儿童绘本研究，通过绘本讲读、益智游戏、艺术创想，帮助儿童构建自我概念，建构精神，培养多元智能，提高儿童社交能力，树立儿童自尊心和自信心，培养儿童热情、乐观、积极等优秀品质，让孩子的阅读更开放、更精深、更高效。

萤火虫童书馆
微微萤光闪耀童心

萤火虫童书馆创立于2016年7月1日，是一家社区儿童图书馆。馆内藏书5000余册，为社区儿童提供丰富的国内外优秀儿童读物，同时为孩子们创造一个温馨有爱的阅读环境，并为父母提供专业的儿童阅读指导，志在推广儿童阅读，让阅读走进孩子的童年，让阅读照亮孩子的童年。

三年来，萤火虫童书馆先后在瑞雪春堂社区开展32场读书活动，活动在社区公共区域举行，不限人数，老师为孩子们讲读经典的儿童读物。同时还走进周边幼儿园，已在幼儿园开展18期阅读活动，以绘本为媒介，让孩子们体验到阅读的美妙和神奇，已经成功引导200多名儿童爱上阅读并养成阅读习惯。同时还定期举办家长阅读沙龙，影响上百名家长重视阅读。

萤火虫童书馆以温馨轻松的阅读氛围深受家长孩子们的欢迎，在这里，孩子们像在家一样，坐着、趴着、躺着，以最轻松的方式无拘无束地阅读。在社

01	**02**	**03**	空间看点
讲读经典儿童读物	家长阅读沙龙	无拘无束的阅读环境	

区里，萤火虫童书馆绝对是孩子们最佳的休息地，这里藏书丰富，每个孩子都能找到自己喜欢的书籍，孩子们在这小小的近百平米空间里萌发了当画家、作家、科学家等梦想，这里就像首都角落里藏着的一只小小的萤火虫，默默地照亮了孩子们的童年。

空间资讯

地　　址：北京市房山区良乡瑞雪春堂2里3-5-10
电　　话：18500830535
开放时间：工作日 16:00—20:00
　　　　　周　末 9:30—11:30
　　　　　　　　 14:30—17:30

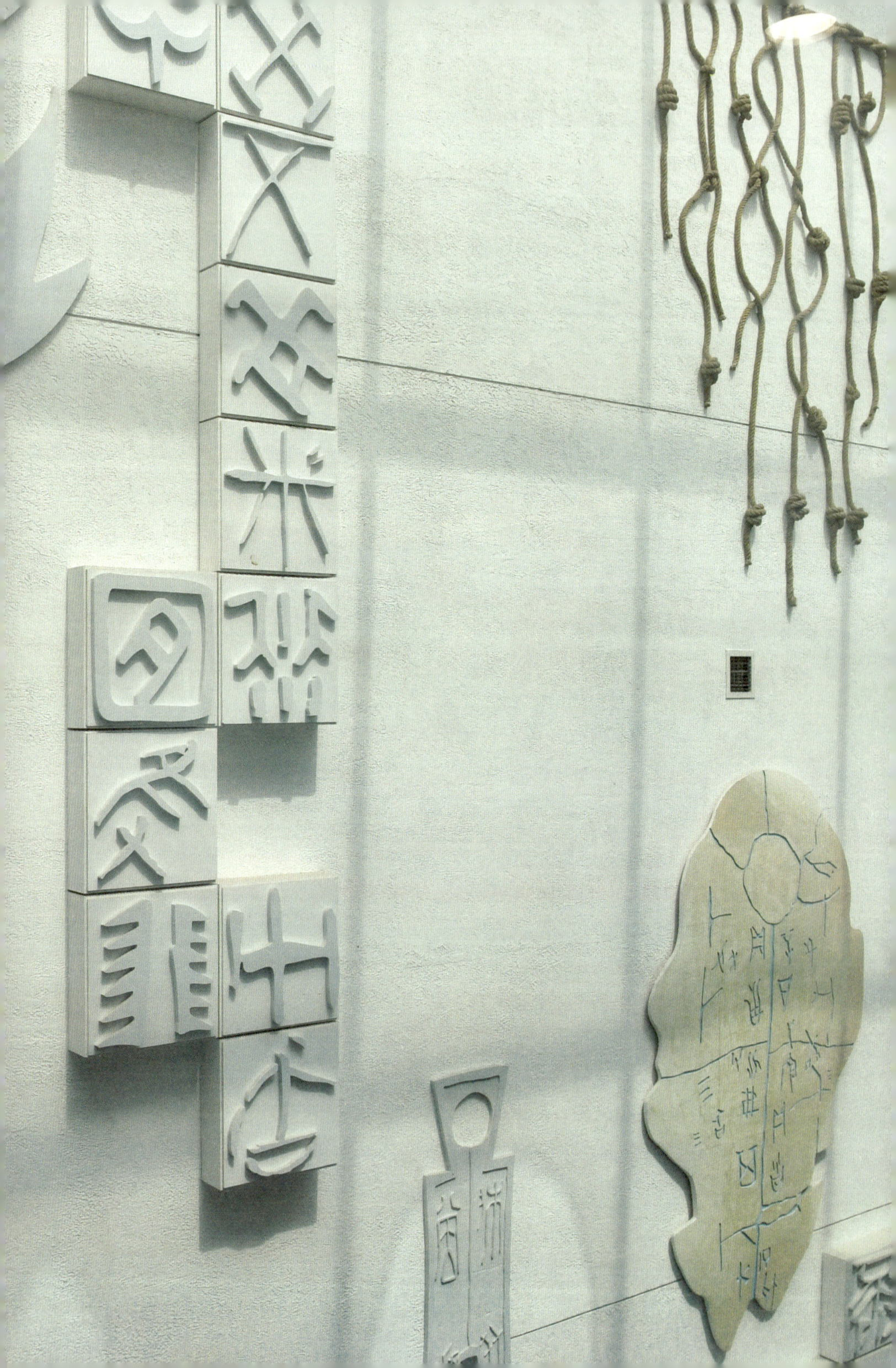

城市发展新区·通州区

　　通州区位于北京市东南部，京杭大运河北端，地处北京长安街延长线东端，是京杭大运河的北起点、首都北京的东大门。目前为北京城市副中心。西邻朝阳区、大兴区，北与顺义区接壤，东隔潮白河与河北省三河市、大厂回族自治县、香河县相连，南和天津市武清区、河北省廊坊市交界。紧邻北京中央商务区（CBD），西距国贸中心13千米，北距首都机场16千米，东距塘沽港100千米，素有"一京二卫三通州"之称，是环渤海经济圈中的核心枢纽部位。通州区地处永定河、潮白河冲积洪积平原，地势平坦，自西北向东南倾斜，海拔最高点27.6米，最低点仅8.2米。其土质多为潮黄土、两合土、沙壤土，土壤肥沃，质地适中。境内大小河流13条。运河蜿蜒，势若游龙；潮白河碧波千顷，渔歌唱晚。三河三路两侧百米绿色通道颇为壮观，形成天然生态屏障。

◎通州区图书馆
◎通州区新华书店
◎书香华硕阅读馆
◎希望之弦书店
◎锦熹大运河故事书店

通州区图书馆
运河旁的桨声与书声

北京市通州区图书馆的历史可追溯到 1916 年京兆通县通俗图馆，后几经变迁，馆舍面积增至 3500 平方米，藏书 15.5 万册。1998 年起，实现信息自动化管理，优化藏书结构，先后建立多个分馆，并成为国家一级图书馆，各项业务工作得到前所未有的发展。2013 年图书馆搬迁至大运河东岸，与通州区文化馆有机结合组成通州区文化中心。馆舍面积增至 17251 平方米，阅览座席 1059 个，馆藏图书 67.7 万册，年组织开展各类阅读活动近 300 场次，参与人数达到 10 万余人次。

作为通州区地区公共图书馆的中心馆和标志性文化地标，通州区图书馆全年 365 天不闭馆，为社会公众提供信息检索、展览交流、信息咨询、阅读活动、文化休闲等全方位、多层次文化服务，是通州区文化、科学、教育事业的重要组成部分，也是北京市公共图书馆网络建设的重要节点和北京市公共图书馆一卡通服务通借通还馆，成为通州区重要的知识信息枢纽和精神文明建设基地。

坐落在运河沿岸的通州区图书馆不仅承启着运河文化的记录，也承担着运河周边居民越来越多的文化阅读需求。

01	**02**	**03**	空间看点
书香运河上的文化风景	通州区文化地标	运河主题特色阅读活动	

围绕阅读展开的一系列品牌活动也是通州区图书馆的一大特色，书香运河讲堂、人文通州纪实摄影、健康大讲堂、读书汇、图书交换、亲子故事会、红领巾读书活动、"家风学行合一"、科技星期天、文化志愿者项目，以上服务品牌建设期均在三年以上。

空间资讯

地　址：北京市通州区通胡大街76-1号
电　话：010-56946717（开馆时间）
　　　　010-56946709（闭馆时间）
开放时间：周一至周五 8:30—18:00
　　　　　周六、周日 8:30—19:00
　　　　（夜间开放：周一至周日 18:00—22:00）

通州区新华书店

藏于街道文化中心的黑胶唱片图书馆

空间看点

01
品阅传统文化

02
舒适的购书环境

03
围绕运河文化、通州文化做文章

空间资讯

地　　址：北京市通州区新华东街 260 号
电　　话：010-69544047
开放时间：周一至周日 9:30—21:00

通州区新华书店成立于 1956 年，坐落在通州区新华东街 260 号。2018 年书店对门市二楼进行了升级改造，为读者提供了一个更加舒适的购书环境。新华书店在门市部设立文化通州专柜，专门展示通州作家、画家的书籍，让更多的读者了解通州文化，了解运河文化。

2018 年，书店在门市举办多场"阅读伴我成长——品读传统文化，打造书式生活"系列活动，吸引了很多小朋友参加。通过组织这些活动让孩子们体验了阅读的快乐，在快乐阅读中找到自我，表达自我，提高自我。

书香华硕阅读馆

在爱与阅读里凝结出智慧的硕果

空间看点

01
社区阅读馆

02
特色儿童阅读空间

03
专业阅读推广

空间资讯

地　　址：北京市通州区巴克寓
　　　　　所15号楼3单元351
电　　话：010-56141800
开放时间：周二至周五
　　　　　17:00—20:00
　　　　　周六、周日
　　　　　8:00—18:00

书香华硕阅读馆由北京书香华硕教育科技有限公司于2014年注册成立，专业从事儿童阅读推广，经营5年来普遍得到小朋友们的喜欢和家长的认可。阅读馆配备10000余套图书，供孩子及家长借阅，根据孩子的不同年龄，导入适龄的不同级别的课程。通过推广社区阅读，立足于让孩子们在智商、情商、财商、逆商获得综合阅读体系提升。阅读馆潜心培养儿童的阅读习惯，研究各种阅读方法并组织各种阅读活动为小书友们创造阳光温馨的阅读氛围，尤其在推荐选书主题和阅读创意延伸上形成自己独特的阅读专业体系。

希望之弦书店

欢快的田园风光主题书店

空间看点

01
空间设计以欢快的田园风光为特色

02
"一人读书,全家受益"的读书推广理念

03
家庭读书主题活动

空间资讯

地　　址：北京市通州区怡乐中路 248 号
电　　话：010-81566811
开放时间：8:30—20:30

希望之弦阅读空间主要读者群体为本区青年和幼儿园至高中的学生群体。书店内设计以欢快的田园风光为主,组织活动以"一人读书,全家受益"为主旨。

空间的核心理念:每一本书,因您的开启,将会赋予新的意义;空间的灵魂:每一个家庭相簇读书的身影。

锦熹大运河故事书店

运河主题阅读空间

空间看点

01
读运河、话运河

02
大运河故事专栏、大运河文化专题图书

03
运河边上的精神家园

空间资讯

地　址：北京市通州区梨园中街 255 号
电　话：010-81529381
开放时间：8:00—18:00

书店开辟专题阅读体验区，免费提供饮品、Wi-Fi 等，提升读者的阅读体验。开辟大运河故事专栏，展示大运河文化书籍。书店还会组织阅读活动，和大家一起读运河、话运河，享受书店这个文化纽带带来的快乐。将社会效益放在首位，以推动全民阅读为使命，积极参与公共文化活动，深耕锦熹大运河故事书店的品牌形象，推动全民阅读的活动力度。

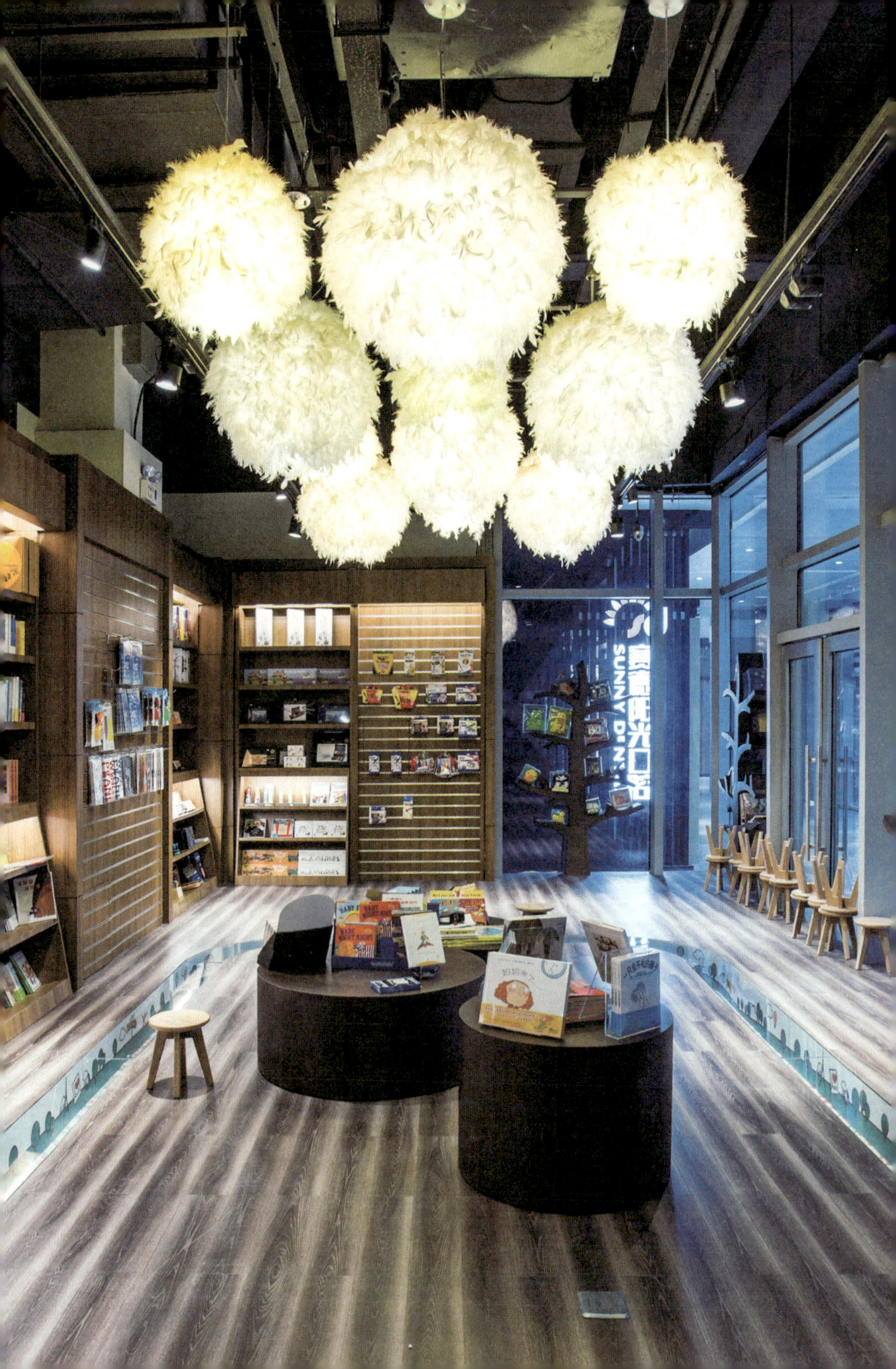

城市发展新区·顺义区

顺义区，位于北京市东北方向，距市区30千米，北邻怀柔区、密云区，东接平谷区，南与通州区、河北省三河市接壤，西南、西与昌平区、朝阳区隔温榆河为界。介于北纬40°00′~40°18′，东经116°28′~116°58′之间，境域东西长45千米，南北宽30千米，辖区面积1021平方千米。顺义区是北京东北部发展带的重要节点、重点发展新城之一，是首都国际航空中心核心区。先后获得"首都文明区""全国创建文明村镇工作先进区""全国文化先进区""全国体育先进区""国家卫生区""全国绿化模范城市""全国双拥模范城市""全国食品安全示范区""第一批国家农业可持续发展试验示范区"等荣誉称号。

- 顺义区图书馆
- 顺义区新华书店
- 顺博时图书城
- 爱阅休闲文化书馆
- 国学书香驿站（五里仓站）
- 时尚廊·Trends Lounge
- 绘本TAXI儿童图书馆

顺义区图书馆
以人文关怀为主导，以服务创新为目标

空间看点

01
积极探索新型阅读空间形态建设

02
自助借阅、人脸识别、数字阅读"黑科技"

03
"书香顺义"全民阅读活动推广阵地

空间资讯

地　　址：北京市顺义区光明南街20号
电　　话：010-69423125
开放时间：24小时

顺义区图书馆成立于1958年，占地面积4520.4平方米，先后被评为"国家一级图书馆""文明图书馆""读者喜爱的图书馆"。顺义区图书馆积极探索新型阅读空间的形态建设，"潮白书苑"24小时自助图书馆＋创意方案获中国图书馆学会第一届公共图书馆创新创意作品征集推广活动优秀创意奖。

"潮白书苑"位于图书馆院内，是图书馆2018年打造的24小时开放的全新阅读空间，是顺义区内首家"24小时全自助智能型影视文学主题图书馆"。它采用24小时自助图书馆＋的服务理念，以人文关怀为主导，以服务创新为目标，根据读者的不同阅读需求，有针对性地提出解决方案。自助借阅、人脸识别、数字阅读等新技术的应用，使潮白书苑成为读者阅读、休闲、学习、放松的全新阅读空间。"书香顺义"全民阅读活动，每年针对不同群体推出不同主题及形式的读书活动，在全区营造良好的阅读氛围。其中"游花海品书香""潮白讲坛　百姓课堂""法韵书香""阅享童年　书香筑梦"等主题活动已经形成品牌，吸引了众多读者的参与。

顺义区新华书店

市民身边亲切温馨的"老伙计"

空间看点

01
遍布顺义城区主要人流聚集地

02
实用便利

03
图书公益活动

空间资讯

地　　址：北京市顺义区站前东街9号（仁和中学对面）
电　　话：010-69442832
开放时间：9:00—21:00

顺义区新华书店目前共有六个营业网点，遍布顺义城区主要人流聚集地。其中有四个营业门市和两个校园书屋，总营业面积3700平方米，共经营图书、期刊、音像制品、电子出版物及文体用品、礼品、书画等50000余种。

书店充分考虑读者阅读的实用性与便利性，开设亲子、教育、文旅等多种主题阅读区。书店采用计算机图书管理系统，具备残障人士专用通道、老花镜、急救药箱等人性化、舒适安全的优质服务。为满足读者不同需求，在增加了"缺书登记、代办邮寄、会议服务、送书上门、电话预约"等服务项目的基础上，又推出了"微信支付""支付宝支付""会员卡服务""微信App"等多种便民举措，并将营业时间延长至晚上9点。书店每年还举办读书阅读推广公益活动100余场，邀请阅读推广专家、作家举办"大手拉小手""书堆儿中的中国节"等系列活动。连年获得"书香中国·北京阅读季"优秀合作机构奖。

顺博时图书城

亲民走心的社区综合书城

顺博时图书城主体设计风格亲民化，书城的理念是立足社区、服务社区、服务学生。想社区居民之所想，延长营业时间，设立意见簿，为居民提供更多便利。在书店内为读者提供饮用水、饮料等饮品和小板凳，为大家提供阅读便利，打造出一个社区文化消费的平台。

书城通过联合顺义区阅读协会志愿者，举办一些亲子阅读活动，在孩子心中从小种下阅读的种子，营造出一个书香氛围；并开展送书进校园活动，向附近的中小学捐赠图书；同时邀请作家进校园，与学生们分享交流创作历程和写作心得。

01 立足社区，服务社区，服务学生

02 亲民化风格

03 便利阅读空间

空间看点

空间资讯

地　　址：北京市顺义区仁和镇裕龙花园二区 1 号楼 1 单元 101
电　　话：010-69401400
开放时间：7:00—20:30（遇节日另行通知）

爱阅休闲文化书馆

公园里的图书馆，图书馆里的公园

爱阅休闲文化书馆位于顺义区高丽营镇西马湖畔，顺于路与裕安路交叉路口，由书馆区、办公区、传统文化体验区和户外拓展区组成，总占地 300 亩。爱阅休闲文化书馆致力于打造一流的综合性文化休闲胜地。书馆内藏书数万册，书韵飘香，环境设计简约雅致。园区内林木葱郁，绿草如茵，是不可多得的天然氧吧。林荫道环湖而设，四季更迭，各有景致。这里有最为贴近大自然的优美森林阅读环境，适宜个人、亲子、团体等，可开展各类户外文体活动，是北京市周边假日休闲游玩的优选去处。

爱阅休闲文化书馆的理念是用最纯粹的爱传递最简单的规矩。

爱阅休闲文化书馆以"阅读+"主题为指导思想组织策划活动，将书中的文字以不同的形式呈献给读者，让文字"活"起来，把读书与生活紧密相连，真正让阅读服务于生活，让阅读改变生活。针对亲子阅读，书馆既有"一平方米空间"主题阅读区，搭建有温馨柔软的童话小屋，为孩子们提供了和父母无间相处的亲子空间；也有青少年阅读区，配置了包含国内外名著、青少读物、科普读物等在内的诸多优质书籍。书馆还

01	**02**	**03**	空间看点
自然休闲阅读主题空间	传统文化体验	亲子阅读童话小屋	

设有休闲阅读区、书法体验区、铁皮玩具收藏区、传统文化体验区以及多功能小剧场，配合各种文化活动，让读者在林木葱郁、绿草如茵的自然园区里充分享受阅读的乐趣。这里最大的特点无疑是亲切舒适、贴近自然的阅读环境，融合了传统文化体验与亲子教育的内容元素，为读者提供了阅读休闲的好去处。

空间资讯

地　　址：北京市顺义区高丽营镇西马湖畔
电　　话：13466506020
开放时间：周三至周五 9:00—18:00
　　　　　周六、周日 9:00—20:00

国学书香驿站（五里仓站）
社区里的"大能耐"：有事儿您说话！

空间看点

01
创新社区文化综合体

02
社区特色领读活动

03
服务型阅读空间

空间资讯

地　　址：北京市顺义区五里仓二社区21号楼南侧公用房（五里仓站）
电　　话：010-81485988
开放时间：9:00－21:00

　　北青社区报国学书香驿站由北青顺义分社负责运营，在顺义已有4家进驻社区为市民服务。国学书香驿站依托1份报纸、10个新媒体传播渠道，在百姓身边打响了旗号。国学书香驿站的形式，在北京市属于首创，旨在社区开展"大教育"公益项目，通过丰富的社区活动，让更多的居民爱上国学、爱上阅读。驿站开办以来，受到社会各界的广泛关注，驿站举办的绘本领读、茶道、书法、环保讲堂、普法课堂、义诊、国际象棋等公益活动共计436场，丰富多彩的活动受到孩子、家长、老人等不同年龄段居民的热捧。

　　国学书香驿站现已形成了具有服务型党组织驿站、书香悦读、驿站学堂、国学讲堂、反邪教宣传站点、社区直播、图书借阅、收发快递、礼品免费发放点、报纸领阅十大功能的复合型社区文化功能空间，在邻里文化建设上成为"贴心、知心"的服务品牌。

时尚廊 · Trends Lounge
创作与欣赏同步进行的复合式文艺空间

空间看点

01
让阅读成为一种态度

02
复合式多元艺术概念空间

03
鼓励欣赏者与创作者一起参与空间文化建造

空间资讯

地　　址：北京市顺义区安泰大街中粮祥云小镇南区6号院10号楼
电　　话：010-60408554
开放时间：10:00—21:30

中国大陆地区首家以"Lounge"为概念的艺文空间，是时尚传媒集团斥巨资打造的集图书、杂志、设计品、茶饮、绿植、讲座沙龙、小型展览为一体的复合式概念空间。时尚廊倡导一个可以让创作者和欣赏者共同参与进来的空间文化。与其他书店不同，时尚廊的图书多以艺术、设计类为主。其中含有大量的外版原书，而这些很少能在其他地方买到。书店经常会举办各类的活动，包含新书发布会、演讲、名人对话等。也吸引了很多明星、老板、外国友人前来光顾。旨在让艺术滋养生活，让阅读成为一种态度。

绘本 TAXI 儿童图书馆

专注儿童早期阅读推广的细分领域图书馆

绘本 TAXI 儿童图书馆有 4000 多册精装绘本、少年儿童文学书，包括艺术、生命教育、认知、科普、品格养成、励志、恐龙、交通工具等各个门类。美国凯迪克大奖、国际安徒生大奖等各奖项的获奖书籍也很全。每周定期更新书目。每天一场半个小时的故事会，培养儿童的阅读兴趣与习惯。每个周末的绘本精读，让孩子们更深入地了解一本绘本。每月一次亲子活动，以书为媒介，以节日为主题，增进亲子关系。以每个孩子的个性推荐书单，让孩子在有限的时间内，读更多优质的书。馆内空间宽敞，看书座位很充足，可同时容纳 30 组家庭亲子阅读。因为是社区门店，周围没有嘈杂的噪音，门口有多个免费的停车位。交通便利。

空间看点

01 绘本、儿童读本品类齐全

02 每天故事会，每周绘本精读，每月主题活动

03 空间宽敞，座位充足

空间资讯

地　　址：北京市顺义区马坡佳和宜园 47 号楼 1 门 106（底商）

电　　话：13701382930

开放时间：周三至周一营业
　　　　　9:00—12:00
　　　　　15:00—19:30

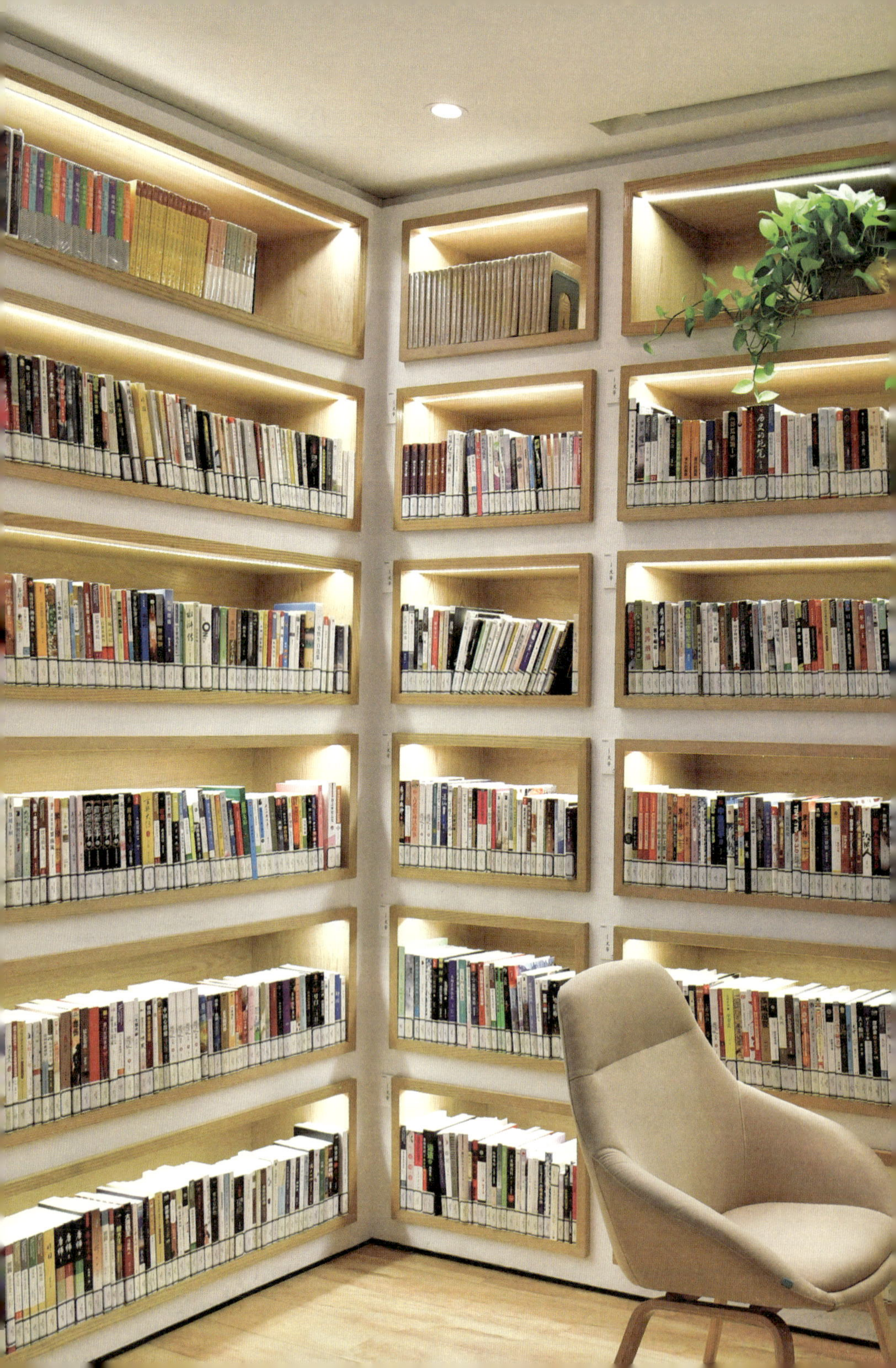

城市发展新区·大兴区

　　大兴区是北京市下设的一个区,在北京城的东南。区政府位于黄村镇兴政街,京沪铁路、京九铁路、京沪高速铁路旁。面积1040平方千米,大兴区东邻通州区,南邻河北省固安县、霸县等,西与房山区隔永定河为邻,北接丰台区、朝阳区。北京的最南部是大兴区的榆垡镇。

◎ 大兴区图书馆
◎ 大兴区新华书店
◎ 魏善庄镇图书馆(泓文博雅艺术馆)
◎ 予果书店
◎ 大兴区24小时智能图书馆(高米店分馆)
◎ 更读书社

大兴区图书馆
大兴区市民家门口的文化综合体

空间看点

01
大兴区唯一的综合性公共图书馆

02
交通便利，服务多样

03
特色现代化图书馆

空间资讯

地　址：北京市大兴区黄村西大街11号
电　话：010-69290350
开放时间：周一至周五
9:00—18:30
周六、周日及法定假日 9:00—17:30

　　大兴区图书馆成立于1958年，占地面积8000平方米，是大兴区唯一的综合性公共图书馆，是文化部评定的一级图书馆，是大兴区文献信息收藏和服务中心、全国文化信息资源共享工程支中心、北京市青少年学生校外活动基地。

　　大兴区图书馆交通便利，馆内设有多个对外服务窗口，为读者提供丰富的文献信息服务。配套的多功能厅、小剧场、展厅可进行会议、小型演出、讲座、数字电影放映和各类培训等活动。

　　图书馆致力于建设"纸质文献与电子文献并重，实体馆藏和虚拟馆藏互补，信息资源与社会发展相适应"的馆藏体系，现已成为具有一定规模和特色的现代化图书馆。

大兴区新华书店
把社会效益放在首位的老字号书店

空间看点

01
80年的风雨历程

02
党和国家的宣传阵地

03
丰富多样的主题阅读活动

空间资讯

地　　址：北京市大兴区黄村镇兴丰大街143号
电　　话：010-69204802
开放时间：8:00—20:00

从延安清凉山窑洞的开篇,到现在成为不可或缺的城市文化地标,新华书店走过80年的风雨历程,造就了新华人的使命担当,它经历了抗战的烽火、解放的硝烟,见证了中华人民共和国的成立,也在大半个世纪的岁月中不断发展壮大。

大兴区新华书店自创建之初就一直秉承把社会效益放在首位,以传播"科学文化知识,丰富群众精神文化生活"为宗旨,坚持诚实守信的经营原则。

每年举办各种主题的阅读活动15场,开展送书下乡流动宣传展销活动50多次。现有图书品种10万多个,年销售图书100多万册。

魏善庄镇图书馆（泓文博雅艺术馆）
带着东方艺术韵味的村镇图书馆

　　魏善庄镇创新镇级综合文化中心管理模式，通过镇企对接，有效整合利用文化企业资源，"多点分布"镇级文化设施功能，将镇级图书馆建设在艺术氛围浓厚的泓文博雅艺术馆内，实现公共文化建设和企业发展的互利互促，既为艺术馆企业增添了文化内涵，也让图书馆传承中华传统文化、倡导全民阅读的职能得以有效延伸。

　　作为区级图书馆分馆，已实现"一卡通"通借通还服务，除了为本地区的读者、参观者及周边群众提供公共阅读空间，为群众提供特色文献信息服务、各类数据库资源，还经常开展全民阅读等活动，实现了资源的共建共享，达到社会与经济效益双赢的目标。

　　泓文博雅艺术馆位于北京市大兴区，占地面积150亩，主体建筑面积近

01 文化创意产业基地　　**02** 传承中国传统文化　　**03** 区级图书馆分馆

空间看点

空间资讯

地　　址：北京市大兴区魏善庄镇羊坊村 200 号
电　　话：010-89237752
开放时间：9:00—17:00

10万平方米，是以中国传统文化为依托，充分展示东方美学生活方式，集原创设计、展览展示、学术交流、艺术品收藏于一体的文化创意产业基地，涵盖艺术馆、唐卡艺术中心、书院、家居艺术设计研究院、友联红木馆、戴为红木馆等。

予果书店

以读书活动推广全民阅读的"最美阅读空间"

多样的新书签售会、粉丝见面会、影评会,可以让读者畅所欲言,各抒己见。予果书店不仅是售卖图书的场所,更是传播先进文化知识与技术、引导群众"爱读书、会读书、读好书"的多元交流空间。

书店于2015年开业,开业以来举办新书签售活动20余场,影响读者过万人次,同时通过分享一本书创作的故事,让广大读者更了解图书内容,提高对阅读的兴趣;通过作者与读者的互动,拉近读者与作者的距离,从而使作者更加了解读者的喜好,为新书的出版积累丰富经验。同时通过多场次的阅读推广建立了予果文化读书会,从读者中寻找热爱生活的阅读达人,通过阅读达人的分享,带动广大读者参与线上线下的读书活动,增加读书会的影响力,截至2017年已建立线上读书大群2个,固定读者人数800人。书店在暑假及周末,举办针对小朋友的读书主题活动,活动形式包括绘本音乐、绘画分享、科普等主题读书活动,孩子们在听故事、看表演的同时,学到了在学校中学不到的知识,丰富了课余生活,寓教于乐,让孩子爱读书,养成读书的好习惯。书店在阅读推广过程中更重视榜样的力量,邀请优

空间看点

01 阅读达人聚集地"予果文化读书会"

02 针对小读者的读书主题活动

03 与名家名人面对面交流的多元文化空间

予果書店

秀爱书名人作家为读书活动站台，扩大宣传面，利用新媒体渠道进行宣传，激发广大读者对读书的喜爱。让名人与粉丝线下面对面，在书店面对面，参加过活动的名人嘉宾有：吉尼斯盲区世界纪录保持者蒋川、优客工厂创始人毛大庆、"90后"青年作家渔樵、"85后"走遍世界40个国家的旅游达人大冰、孟火火等。生活需要榜样，读书也同样需要榜样，在互联网低价冲击书店的今天，更多的"90后"互联网原住民正在回归实体书店。

空间资讯

地　　址：北京市大兴区欣荣北大街45号院108号优客工场一层
电　　话：17611158618
开放时间：10:00—19:00

大兴区 24 小时智能图书馆（高米店分馆）

嘀！全天刷脸可进

空间看点

01
全天候

02
一站式借阅服务

03
智能机器人

空间资讯

地　　址：北京市地铁大兴线高米店北 A 口近保利茉莉公馆

开放时间：24 小时

24 小时智能图书馆，是大兴区继 24 小时城市书房之后，推出的又一个全新智能化公共阅读空间。除具备自助办证、借还书、阅览、电子资源浏览等功能外，还具备集人脸识别、远程视频控制、紧急可视呼叫、远程设备控制等于一体的全天候智能安防、管理系统，可确保在无人值守的情况下，安全自助运行。此外，为了方便解决读者在使用过程中遇到的各种问题，还设置了智能机器人。它能像图书馆管理员一样，与读者进行对话，回答各种问题，并可对馆内情况进行实时监测与警示。

更读书社

与有趣的灵魂对话，不舍昼夜

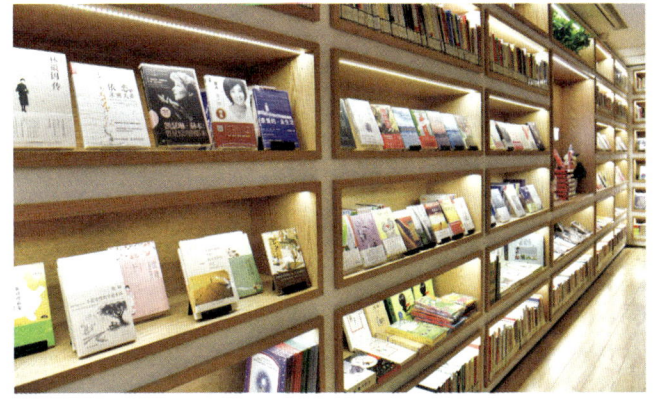

空间看点

01

24小时文化休闲空间

02

丰富的文创产品

03

多样化的文化活动

空间资讯

地　　址：北京市大兴区金星西路绿地缤纷城东岸一层
电　　话：18518060798
开放时间：24小时

更读书社是大兴区推出的第三家全天候运营的智能图书馆，同时也是大兴区首家进入商圈的公共图书馆。书社位于大兴绿地缤纷城一层，除了具有智能化的图书借阅功能外，还融合了书店、咖啡吧和文化活动空间等多重功能。书社通过智能无人值守技术和公共图书资源的融合，打造真正意义上的24小时文化休闲空间，以阅读为主线，串起城市的文化休闲生活。

更读书社由大兴区图书馆与雷图志悦公司共同建设管理，是大兴区政企联动，共同推进公共文化服务的新窗口、新平台建设成果，实现公共文化服务供给主体社会化的重要体现。该书社于2018年6月试运营以来，日均到店读者超过500人次，日均借阅图书120册。已有近500名读者办理了"北京市公共图书馆联合借阅卡"，有近2000人加入大兴区"更读"读书会。

回+创业图书馆

昌平区图书馆 回+双创社区分馆

城市发展新区·昌平区

　　昌平区位于中国首都北京的西北部，地处燕山、太行山支脉接合地带，地理位置重要，是北京通往西北的重要通道，素有"京师之枕"和"甲视诸州"之称。昌平区全域面积1343.5平方千米。昌平历史文化悠久，自中国汉朝时期设立昌平县，距今已有2000多年。境内的明十三陵、居庸关长城已被列入世界文化遗产名录，交错举办的农业嘉年华、小汤山温泉旅游节和昌平苹果节让昌平成为驰名中外的京郊旅游文化圣地。

◎昌平区图书馆
◎回+创业图书馆
◎上海三联书店·微言小集
◎昌平区图书馆回龙观镇第一分馆
◎圣学图书馆
◎回龙观亲子小屋图书馆
◎雪绒花儿童服务中心
◎幸福树童书馆
◎雨枫书馆·万科馆
◎悦·学·思素质教育空间
◎长袜子悦读空间
◎爱丁岛亲子悦读馆
◎通达书店阅读空间
◎光义书店咖啡馆
◎法大书店

昌平区图书馆

读好书，品人生

      昌平区图书馆前身为昌平区文化馆图书组，成立于1949年9月。1979年1月昌平区图书馆单独建制。1999年10月昌平撤县设区，昌平县图书馆升格为昌平区图书馆。

      新馆有按照少儿心理特点设计的、充分体现人性化关爱的少儿阅览室；设有以探知海洋为其特色的北京市科普阅览中心昌平分中心；有能容纳300人、面积近400平方米的成人自习室；有按照国家标准进行综合化布线，配有20兆光纤宽带的电子阅览室，并配有120台多媒体计算机；配有可满足视频会议、政府报告、新闻发布、学术讨论、影片播放、小型演出和教学等活动需要的视频会议报告厅等。

      自2014年起，图书馆与昌平新闻中心共同推出每月一期的"好书好人生"

01	**02**	**03**	空间看点
"好书好人生"读书会	综合型地区图书馆	推出"阅润昌平"系列读书活动	

昌平读书会活动，邀请知名作家学者做客昌平，与读者近距离交流创作历程，分享读书心得。2016年，在昌平读书会的基础上，昌平图书馆整合昌平区内多家公益读书机构成立昌平读书会联盟，并推出"阅润昌平"系列读书活动，为读者提供更加多样的阅读选择。

空间资讯

地　　址：北京市昌平区府学路10号
电　　话：010-69742610
开放时间：8:00—17:30

回+创业图书馆

创业者在这里能读出"回家的味道"

空间看点

01
全国首个创业主题图书馆

02
咖啡店及无边界展厅区

03
活动沙龙

空间资讯

地　　址：北京市昌平区回龙观东大街338号创客广场A座
电　　话：010-56236960
　　　　　13146649655
开放时间：9:00—17:00

　　回+创业图书馆是全国首个创业主题图书馆，于2016年7月正式成立，面积1180平方米，藏书累计超过20000册。图书馆由"创业图书馆+创业咖啡+创业活动"构成，集"阅读、社交、休闲、创业"于一体。每周开展各种公益免费活动，覆盖附近居民上万人，真正成为社区居民的文化乐享大平台。通过与回+读创空间的"创客办公区、咖啡店以及无边界展厅区"的结合形成规模和系统化，致力于打造提供"阅读空间+社交空间+众创轻孵化空间+社区文化艺术空间"四位一体的多功能空间。

上海三联书店·微言小集

好书满满，雅集亲子

空间看点

01
美好公共文化生活

02
精品人文图书

03
突显华语原创

空间资讯

地　　址：北京市昌平区回龙观腾讯众创空间一楼东南角
电　　话：13681454745
开放时间：9:00—21:00

上海三联书店·微言小集采用简约自然风设计，原木色书柜，中式书桌椅，绿植巧妙穿插其间，给人轻松愉悦之感。书店图书由出版行业资深编辑领衔组成选书委员会，精选学术思想、文学艺术的精品人文书，突显华语原创。2018年，作为北京八个特色书店之一，上海三联书店·微言小集参加了第十六届北京国际图书节。

微言小集基于深厚的出版经验与基础，及其深广的作家、学者资源，于书店里建立微言读书会，开展学术讲座、文化沙龙、早读、伴读、星星故事会等兼顾成人与亲子的阅读活动。

昌平区图书馆回龙观镇第一分馆
服务周边居民的公益图书馆

空间看点

01
经典国学诵读

02
开展"雅诵——经典国学诵读会"活动

03
不定期开展公益活动

空间资讯

地　　址：北京市昌平区龙域中路融泽嘉园1号院9号楼
电　　话：010-82423200
开放时间：周一至周日 13:00—20:30
　　　　　周六 10:00—11:30

　　昌平区图书馆回龙观镇第一分馆是由回龙观镇文化中心主办,原昌平区文化委员会、昌平区图书馆协办的公益性免费图书馆。设立在融泽嘉园1号院小区内,满足周边8万居民的图书阅读和文化活动需求。2018年5月开通首图一卡通服务,实现了全市222家图书馆(室)的图书通借通还。每周六对外定期开展"雅诵——经典国学诵读会"活动,不定期开展其他公益活动。

圣学图书馆

一块空地，一间房子，一段传奇

空间看点

01
村民免费借阅

02
特色民俗展厅

03
书香家庭

空间资讯

地　　址：北京市昌平区崔村镇大辛峰村
电　　话：13911357480
开放时间：8:00—11:30
　　　　　15:00—18:00
　　　　　19:30—21:00(夏季)
　　　　　8:00—11:30
　　　　　13:30—17:30
　　　　　18:30—20:30(冬季)

圣学图书馆（原名爱心图书馆）由徐继新个人出资，向村民提供免费借阅服务，于1999年4月创办。2013年11月正式注册为民办非企业单位，2014年搬至新馆。馆设一厅两家三区六室，即民俗展厅、妇女之家、儿童之家、荣誉展区、农具区、酒文化展区，阅览室、电子阅览室、书画室、地方文献室、共青团活动室、接待室。馆藏文献近30万册（件）。20年来共接待读者30万人次，接待咨询超过5万人次。2017年9月，经北京市民政局专家组对圣学图书馆进行现场评估，圣学图书馆被评为AAAA单位，2015年被评为书香家庭。

回龙观亲子小屋图书馆
用网友赠书搭建起的亲子书屋

空间看点

01 网友赠书义务轮值

02 十余年志愿服务，推广亲子阅读

03 不定期地举办亲子阅读会

空间资讯

地　　址：北京市昌平区回龙观东大街首开广场四楼东侧图书馆

电　　话：010-86468600　18511913280

开放时间：周二、周四　9:00—12:00　周六、周日　15:00—17:00

　　2006年成立的亲子小屋图书馆，以网友捐赠图书、网友义工义务管理及义务轮流值班的纯公益模式运行，对会员提供免费的图书借阅服务。目前，回龙观亲子小屋图书馆以儿童书籍和亲子育儿类书籍为主，积累了30000余册图书，先后为700多位办卡会员提供借阅服务，前后参与的义工总数近百人。

　　空间主要针对0~12岁小朋友和家长们开放，图书以儿童书籍和亲子育儿类书籍为主，涵盖大部分优秀图书、经典故事书，种类丰富。除了图书的借阅，图书馆还不定期地举办亲子阅读会、读书分享会等活动。让优秀的儿童书籍陪伴孩子们慢慢长大，借着书籍和阅读加强人们之间的交流和沟通，并发扬这种公益和互助的精神，这是回龙观亲子小屋图书馆的期望和理想。

雪绒花儿童服务中心

让小朋友读书像雪绒花一样自在

空间看点

01
书香北京十大阅读示范社区之一

02
亲子阅读空间

03
故事妈妈打卡地

空间资讯

地　　址：北京市昌平区南环路金隅万科城15号楼居委会3层

电　　话：13501176187
　　　　　010-69723801

开放时间：周二至周六
　　　　　9:30—11:30
　　　　　15:00—18:00

雪绒花儿童服务中心是一个扎根社区、服务群众的开放、公益、志愿服务的社会管理创新平台。于2014年6月正式注册为昌平区民办非企业单位。中心的绘本馆拥有中外儿童读物5000余册，开展一系列分龄化的亲子阅读活动，使不同年龄段的儿童家庭通过丰富多彩的活动参与到亲子阅读中来。雪绒花经常组织儿童开展讲故事、亲子运动游戏、亲子阅读指导、家长互动沙龙、室外亲子公益等活动，同时也招募故事妈妈志愿者，为孩子们讲绘本，培养孩子们爱阅读的习惯。中心还拥有一间单独的活动室，为儿童提供运动场所，将阅读与运动相结合。雪绒花先后被评为"书香北京十大阅读示范社区""2014年首都未成年思想道德建设创新案例""首都图书馆馆外志愿者基地"。

幸福树童书馆
让孩子像树一样幸福生长

空间看点

01
每周家长慢读会

02
自创偶剧场、黑灯剧

03
妈妈即兴表演剧团

空间资讯

地　址：北京市昌平区回龙观文华东路 32 号（博灵特未来学校内）
电　话：13522223149
开放时间：周二至周日 9:00—20:00

　　幸福树童书馆以"让更多的家庭溢满书香，让更多的故事滋润孩子的童年"为己任，自 2013 年成立以来，通过图书与故事会这条纽带，服务上千户家庭，儿童年龄覆盖 0 岁到 12 岁。馆内藏书 20000 余册，会员累计数量 1200 余名。

　　童书馆的阅读活动丰富多样，如"偶剧表演""纸戏剧表演""黑灯剧场""光影剧场"等故事与表演相结合的形式；结合儿童写作创作实际，开发"绘本故事作文"系列课程，与回龙观西二旗小学一起完成教学实践；举办"在四季中散步"自然观察活动，组织家庭参与；每周二至周五开办家长沙龙，沙龙内容形式包含插花、手工、读书会、观影会、立体书制作等。

雨枫书馆·万科馆

拥有"她"气质的书店

空间看点

01
多维文化空间

02
会员制女性书馆

03
女性主题沙龙

空间资讯

地　　址：北京市昌平区悦荟
　　　　　万科西侧六层
电　　话：010—60743302
开放时间：10:00—22:00

　　雨枫书馆致力于打造"可能生活的多维文化空间",是国内首家会员制女性书馆。倡导"做书女",在都市的一隅营造适宜女人的读书俱乐部,是知性女子精致生活的外延,是以书会友的交流场所和跨领域的女性发声平台,是提倡家庭阅读的实践基地。雨枫书馆致力于提升读者的阅读感受,"让脚步停留,让心行走"是雨枫人秉承的阅读生活理念。

　　雨枫书馆·万科馆位于万科配套的商业中心内,书馆立足于社区,服务于社区群众,为其配置畅销书、家庭亲子关系类图书,并设有妈妈读书会、体验类课程等。

悦·学·思素质教育空间

在这里阅读、学习、思考

空间看点

01
综合体验教育机构

02
共享书房、创意市集

03
通过教育沙龙等形式分享最新的育儿理念和学习理论

空间资讯

地　址：北京市昌平区回龙观龙锦苑六区5号楼底商
电　话：010-81710666
开放时间：9:00—21:00

悦·学·思素质教育空间是一所集儿童素质教育、共享书房、创意市集为一体的教育机构，致力于为3~12岁儿童推荐优选的教育机构和课程。和家长们一起保护孩子的想象力、好奇心和个性发展，让每个孩子成为更好的自己。同时也会助力家长，通过教育沙龙等形式分享最新的育儿理念和学习理论，在陪伴孩子成长的过程中实现自我成长。

长袜子悦读空间
社区居民的第二个家

空间看点

01
精品绘本博物馆

02
家门口的温馨陪伴

03
主要服务儿童和老人

空间资讯

地　　址：北京市昌平区霍营镇流星花园三区26-3-102
电　　话：13426235464
开放时间：8:00—21:00

空间在设计特色和风格上努力打造家的温馨宽松的感觉，堪称"社区居民的第二个家"。空间以0~3岁阅读推广为基础，以智商、情商和财商为三大方向，面向社区"一老一小"展开惠普教育。长袜子悦读空间以"做精品绘本博物馆，做家门口最有温度的陪伴，做家长的育儿好助理，做美好社区的推动者"为核心理念，服务社区0~12岁儿童以及监护人，尤其以0~3岁儿童和老人为主要服务群体。

爱丁岛亲子悦读馆
社区儿童成长的"第三空间"

空间看点

01
儿童主题书店

02
中英文绘本童书

03
致力于连接阅读、教育与成长

空间资讯

地　址：北京市昌平区回龙观矩阵小区 15 号楼 6 号底商
电　话：010-81749460
开放时间：周二至周日 10:00—19:00

爱丁岛亲子悦读馆是北京昌平区首家儿童主题书店。馆内拥有 200 平方米的温馨阅读空间和 20000 余册精选的中英文绘本童书。致力于连接阅读、教育与成长，成为社区儿童成长的"第三空间"。主要服务 0~15 岁儿童及青少年家庭。

通达书店阅读空间

阅读获得通达人生

空间看点

01
英语公益诵读活动

02
每周新书推介会

03
中外名著、红色经典、党政建设书籍

空间资讯

地　　址：北京市昌平区回龙观通达园二号楼底商
电　　话：010-81715724
开放时间：10:00—20:00
　　　　　（春节假期除外）

通达书店成立至今已有18年历史，80平方米的阅读空间供附近居民免费阅读，藏书约10000余册，主要包含中外名著、红色经典、党政建设书籍、儿童漫画、社科书籍以及大量绘本图书。同时，阅读空间也会定期举办公益活动，至今已举办200余场活动，每周日上午都会有定期的英语公益诵读活动，每月第一个周日下午会有新书推介会。

光义书店咖啡馆

聚焦"安全""舒适"和"眼界"

空间看点

01
图书分区阅读

02
中英文绘本童书

03
可制作超过40种咖啡饮品简餐

空间资讯

地　　址：北京市昌平区东小口镇天通西苑三区26号楼8门底商3层

电　　话：17701283869
　　　　　010-56548382

开放时间：18:00—24:00（工作日）
　　　　　10:00—24:00
　　　　　（周末及节假日）

　　书店成立于2018年10月，面积达260平方米。店内销售近100种畅销图书，另有约4200种图书可供储值会员免费借阅，可制作超过40种咖啡饮品简餐。书店设计理念为"safe""comfortable""discerning"。即"安全"，选择圆形无棱角桌子，并对墙体棱角进行包覆；"舒适"，超过一半的座位为双人沙发，设有两个带电动马桶的洗手间和瑜伽放松区；"眼界"，所有书籍都经过选择，包括上海译文、中华书局、商务印书馆等出版社出版的世界名著、中华经典和汉译名著等。

法大书店

政法大学里的学子书店

空间看点

01
法学法律教材教辅用书

02
售书义卖活动

03
每年与各大出版社合作举行法大校园读书月

空间资讯

地　址：北京市昌平区府学路 27 号中国政法大学军都服务楼 103 号
电　话：13910111628
开放时间：8:30—22:00

　　北京市昌平区法大书店坐落于中国政法大学院内（包括昌平校区店、研究生院店），自 1999 年成立以来，本着"读者的需求就是我们的追求"的服务理念，为中国政法大学本科生、老师及校外读者服务二十余载。理念不变，服务至上。

　　书店主要经营法学、法律教材系列、教辅用书，法律实务类用书，党建读物等。书店陈列图书 6000 余种 20000 余册，每年与各大出版社合作举行法大校园读书月，（联合学生会、多家出版社）举办名人名家售书义卖活动，所得善款捐给灾区及贫困地区。

北京阅读空间漫游指南（2019—2020）

PART FOUR
生态涵养发展区

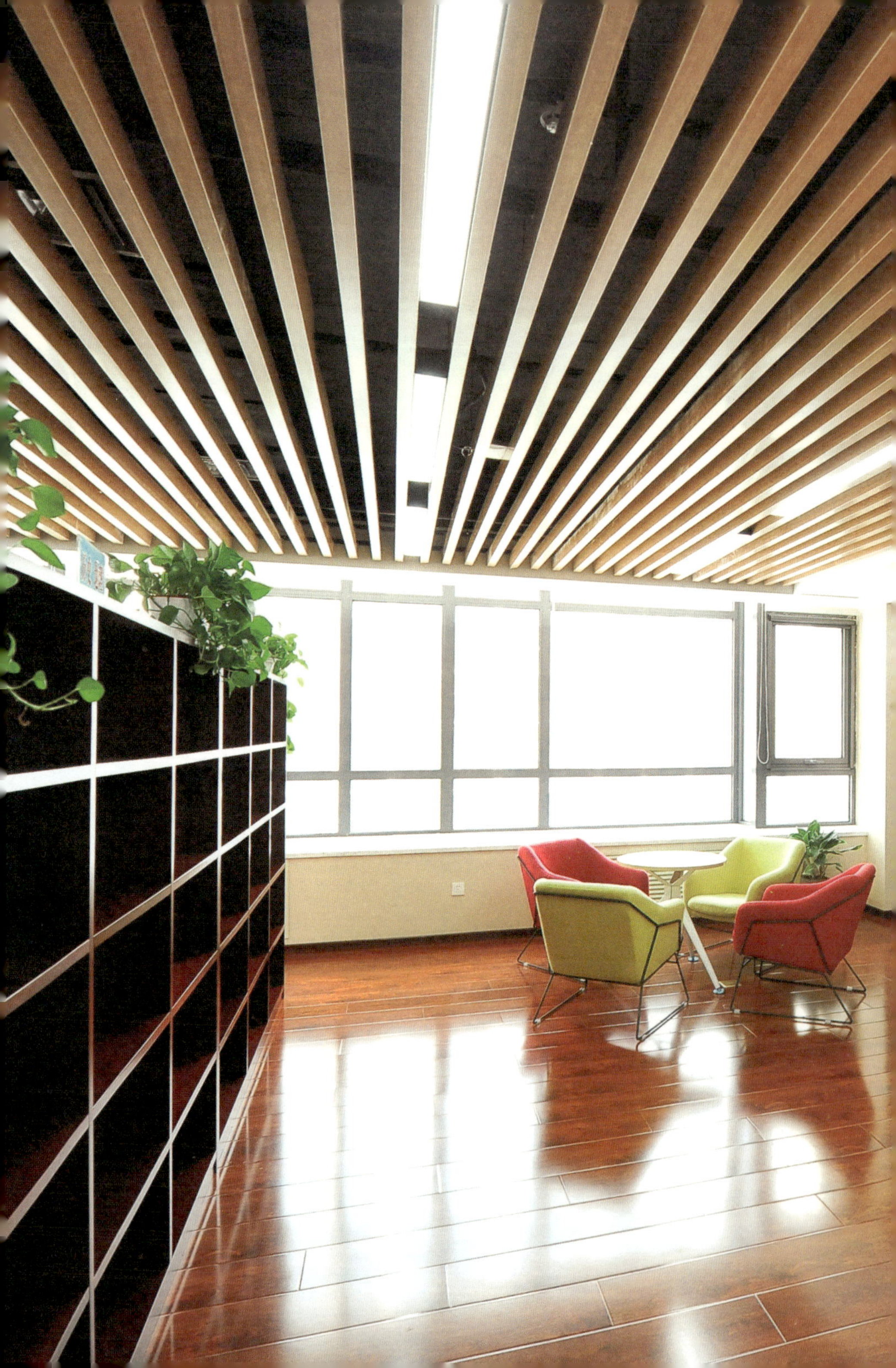

生态涵养发展区·门头沟区

　　门头沟区是北京市下辖的市辖区，地处北京西部山区，是具有悠久历史文化和优良革命传统的老区。早在一万年以前，新石器时代早期的"东胡林人"就在此繁衍生息。燕昭王二十九年（公元前283年）设上谷、渔阳、右北平、辽西、辽东五郡，今区境分属上谷、渔阳二郡。此后，区境的隶属行政建制屡经变迁，直到1958年5月定名为门头沟区至今。2016年门头沟区被重新确认为国家卫生区。

○门头沟区图书馆
○牡丹书院
○门头沟区图书馆创客分馆
○门头沟法院阅读空间
○东龙门数字文化图书馆
○城子街道文化中心

门头沟区图书馆

特色地方文献收藏，用于永定河文化专题研究

空间看点

01
24小时智能书柜进社区

02
内设休息区和朗读亭

03
用特色文化提升图书馆影响力

空间资讯

地　　址：北京市门头沟区东辛房市场街8号
电　　话：010-69844284
开放时间：9:00—17:00

　　成立于1983年的门头沟区图书馆，拥有1200平方米的空间。其中一大特色是临时馆舍，全面整合了永定河文化资料，组建成永定河文化地方文献库。发掘、收集、保护、利用永定河文化资源，是门头沟区图书馆特色地方文献库的主线和支撑。临时馆舍主要承担永定河文化专题研究，收藏和抢救有代表性的文献、资料，解决永定河文化研究资料分散的现状，展示永定河的文化魅力。同时，用特色文化提升图书馆影响力。

　　门头沟区图书馆获得诸多荣誉："书香中国·北京阅读季"优秀组织奖、优秀观护单位、未成年人思想道德建设工作先进集体、文化惠民工程知识竞赛三等奖、爱心快递图书捐赠组织奖、益民杯知识竞赛组织奖、红领巾读书活动优秀组织奖、红领巾读书活动示范单位、首届阅读季红色知识竞赛优秀组织奖等。

牡丹书院

在禅意里读一段花开的故事

空间看点

01
禅意人生

02
讲经说法

03
恭亲王奕䜣手植牡丹园

空间资讯

地　　址：北京市门头沟区马鞍山戒台寺内
电　　话：010-69806611
开放时间：夏季 8:00—17:30
　　　　　冬季 8:00—17:00

2017年5月，位于门头沟区戒台寺内的"牡丹书院"正式开业，目前藏书 10000 余册。该书院以"禅意人生"为主题，以茶艺、书籍为依托，平时大多开展与"讲经说法"相关的讲座，其主要致力于弘扬中国传统文化，让过往游客在感受和学习中华国粹的同时，享受来自内心的宁静和自由。

牡丹书院所处牡丹园位于寺院中心千佛阁（现仅存遗址）的北面，建筑风格是北京传统的四合院形式与江南园林艺术的巧妙结合。为里外两进院落，院门朝南。外院西面，借山势叠石为景，并有盘绕之石阶可信步登攀。其外院东、南两面有曲尺形回廊房屋十四间，清静幽雅，原为亲王侍从居室。

门头沟区图书馆创客分馆

强化思想建设的重要阵地

空间看点

01
京西创客工场里的图书馆

02
马克思主义读书会

03
思想武装阵地

空间资讯

地　　址：北京市门头沟区石龙经济开发区永安路20号
电　　话：010-69844284
开放时间：周一至周日 9:00—17:00

　　门头沟区图书馆创客分馆面积600多平方米，目前藏书30000余册。马克思主义读书会是该图书馆的一个特色阅读推广品牌项目。马克思主义读书会，是石龙工委党建工作中强化思想建设的重要阵地，也是石龙工委党建工作中的突出亮点和特色。

　　从2018年3月中旬开始，每一两周轮流组织园区一个党支部党员、积极分子、团员开展一次马克思主义读书会活动，通过集中学习习近平总书记系列讲话，不断加强园区各党支部思想建设。对于尚未建立联合党支部的孵化器，由所在孵化器的党群服务中心主任组织孵化器内企业进行一次集中学习讨论。

门头沟法院阅读空间
内化于心，外化于行

空间看点

01 以文化人

02 书香机关

03 法院文化建设

空间资讯

地　　址：北京市门头沟区滨河路74号
电　　话：010-61868000
开放时间：9:00—17:00

"执义秉德、格物致知、善尽职守、推己及人、见贤思齐、休戚与共"是北京市门头沟区人民法院24字的"门法公约"。简练的文字蕴含着深厚的中华传统文化底蕴，将法官的理想信念和职业操守融为一体，折射出门头沟法院"以文化人"，引导激发干警践行和弘扬社会主义核心价值观的价值追求。

门头沟法院"书香机关"阅读空间的设立初衷是借助法院文化建设，努力打造一支法治信仰坚定、道德修为高尚的司法队伍，并探索在审判工作中弘扬社会主义核心价值观的有效方式，通过司法断案惩恶扬善，切实发挥法治的规范和引领作用，推动社会主义核心价值观内化于心、外化于行。法院不仅仅要履行司法裁判的职能，还应有社会担当，法官更应是有社会责任感和历史使命感的职业群体。

东龙门数字文化图书馆
"网络"与"图书"助居民文化跃升龙门

空间看点

01
数字文化社区

02
多媒体应用

03
数字化阅读

空间资讯

地　　址：北京市门头沟区龙泉镇龙门新区二区13号楼
电　　话：13121957933
开放时间：9:00—15:00

　　东龙门数字文化图书馆位于北京市门头沟区龙泉镇龙门新区二区13号楼，于2013年正式对外开放。数字文化图书馆占地面积约600平方米，设有图书区、电子阅览区、儿童阅览区、成人阅览区、休闲区，馆内共有图书10000多册、期刊100余种、光盘100多张，内容涉及政治、军事、文化、社科、文学、婴幼儿等20余种类型。

　　东龙门数字文化图书馆最大的特色在于把"网络"和"图书"完美结合，将多媒体应用到图书文化生活中，创建多媒体、跨平台、多终端的文化信息资源共享平台。图书馆使用歌华有线电视网高清交互机顶盒建立了数字社区平台，包括在线电视、杂志报纸阅览、资讯查询、交流共享等，电子读报机、美视窗、数字资源放映机，每天实时更新，满足广大居民的阅读需求，给读者带来全新的阅读感受。

城子街道文化中心

无限扩展了街道图书馆的可能性

空间看点

01 城市书屋

02 多元化文化活动

03 社会化运营模式

空间资讯

地　　址：北京市门头沟区城子东街蓝龙小区市场街居委会

电　　话：18311071942

开馆时间：周一至周五

　　　　　夏季 8:00—11:30
　　　　　　　　14:00—17:30
　　　　　冬季 8:00—11:30
　　　　　　　　13:00—17:00

门头沟区城子街道文化中心阅读空间，有"城市书屋"之称。该阅读空间以服务周边群众为主，营造出简约淡雅的空间氛围。作为居民身边的图书室，城子文化中心阅读空间离家较近，看书、借阅方便，服务灵活，亲子绘本活动、朗诵角活动、读书座谈会等特色活动的开展，受到居民热捧。它的建成无限扩展了图书馆的服务受众，有效地提升了图书馆公共文化服务效能。仅2018年上半年，该阅读空间就举办了近100场文化和阅读活动，预约报名人数13000多人，几乎占了城子街道人口的25%，其中传统文化活动30多场、阅读活动30多场。

作为区政府采购第三方服务的首批试点单位，城子街道文化中心运营团队"智慧橙子"由10余人组成。近年来，引导和鼓励社会力量参与公共文化服务，成为各级政府公共文化服务体系建设的行动指南。

世纪阅报馆再现中国报业三百年路程

生态涵养发展区·平谷区

平谷区隶属北京市，位于北京市的东北部，西距北京市区70千米，东距天津市区90千米，是连接两大城市的纽带。地理坐标为东经116°55′~117°24′，北纬40°1′~40°22′。南与河北省三河市为邻，北与北京市密云区接壤，西与北京市顺义区接界，东南与天津市蓟州区、东北与河北省承德市兴隆县毗连。平谷区东西长35.5千米，南北宽30.5千米，总面积950.13平方千米，东、南、北三面环山，山区、浅山区、平原各占1/3，其中山区面积占59.7%，耕地面积11.51万亩。全区共14镇2乡，辖272个行政村、4个地区办事处、2个街道办事处，辖30个居民委员会。2015年被评为国家卫生城市（区）。

◎平谷区新华书店
◎平谷区图书馆
◎世纪阅报馆
◎阅谷浮生6号
◎优丫漫绘本艺术生活馆

平谷区新华书店

与新中国同岁的国企老字号

空间看点

01

70年老字号

02

3000平方米营业面积

03

图书品种齐全

空间资讯

地　　址：北京市平谷区府前大街31号
电　　话：010-69982894
开放时间：8:30—18:00

平谷区新华书店作为一个成立近70年的老字号国有企业，自成立始终贯彻"为党服务，为人民服务"的经营方针。70年如一日，经历了战争年代的洗礼，随着改革开放的进程，新华书店也展开了新的历史篇章。经过了数十年的发展，书店的隶属关系也数次更迭，最后归属平谷区文化委员会领导。

在平谷区委和原平谷区文化委员会的领导下，新华书店有了长足的发展。经营面积从初始的40平方米小门市到如今3000平方米的营业面积，作为正版产品销售示范基地和国家政策宣传的窗口单位，新华书店从领导到员工都时刻牢记自己作为一名新华人应承担的责任，把社会效益放在首位，连续四年获得"书香中国·北京阅读季"优秀机构合作奖。

平谷区图书馆

道不尽"一片冰心在玉壶"

空间看点

01
全国唯一的"冰心奖儿童图书馆"

02
建有"冰心奖陈列室"

03
形成"冰心奖""地方文献"两大特色馆藏

空间资讯

地　　址：北京市平谷区府前西街1号文化大厦
电　　话：010-89999515
　　　　　010-89999512
开放时间：8:30—20:30（假日
开馆时间：8:30—11:00, 14:00—16:30）

馆舍建筑风格中西合璧，造型新颖，是平谷区标志性文化建筑。建筑总面积8100平方米，内设各类功能借阅室18个，拥有阅览座席700余个，馆藏文献80余万册，形成比较系统、完整的综合性藏书体系，且建有全国唯一的"冰心奖儿童图书馆"和"冰心奖陈列室"，形成"冰心奖""地方文献"两大特色馆藏。自建、外购数据库及电子图书等数字资源总量达43TB。

平谷区图书馆先后获得北京市校外教育先进集体、北京市红领巾读书活动优秀组织奖、"全民读书"活动优秀组织奖、全民阅读先进单位、全民阅读示范基地、文明单位等荣誉称号，被文化部和北京市文化局评为"国家一级图书馆"。

世纪阅报馆

在这里读到的不止一个世纪

　　平谷区博物馆是平谷区新建的一座综合展览馆，馆内包括世纪阅报展、平谷通史展和平谷民俗展三个展厅，每个展厅面积800平方米。其中世纪阅报展主要是利用李润波先生2009年捐赠的50000多件老报刊为基础，从中选取部分藏品上展，近期博物馆又有计划地征集了一些珍品报刊和红色文献，充实馆藏。

　　世纪阅报馆全面展示自康熙三年（1664年）至新中国建设时期300年间的主流报刊及珍闻拾萃，内容包括，政治、军事、经济、交通、宗教、艺术等多个领域。本报馆共分四个展区十个单元，展出各历史时期报刊图片及原件2000余件。其中包括康乾嘉道年间《邸报》、光绪年间《新闻报》《神州日报》《北京女报》等稀珍之品，一些藏品可弥补国家馆藏空白。"戊戌变法""义和团运动""辛亥革命""五四运动""九一八事变""卢沟桥事变""解放战争"等

空间看点

01 国内最大的老报刊收藏馆

02 新闻见证百年历史变迁

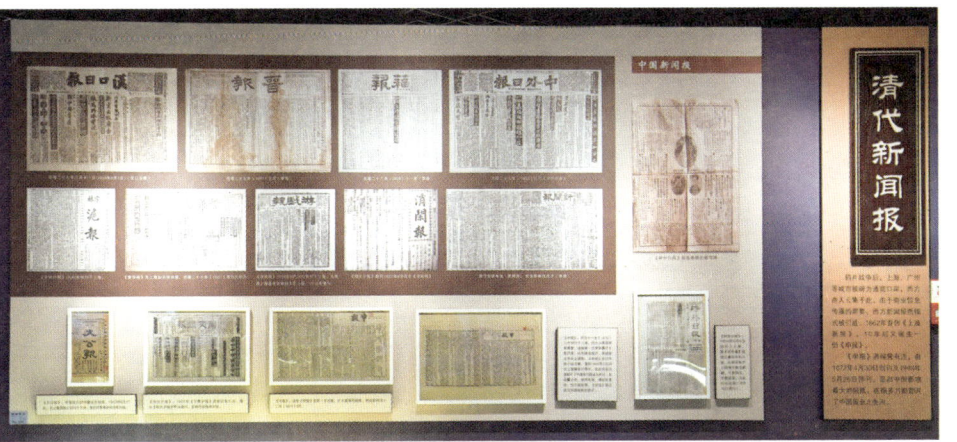

03 众多珍稀藏品

历史大事件报道均可在世纪阅报馆觅到踪迹，基本构成了近代史的完整系列。2006年10月22日，世纪阅报馆被中国新闻史学会挂牌为中国新闻史学会教学研究基地。开馆以来，已接待来自26个省、自治区、直辖市的社会各界群众20余万人次，在北京、上海、厦门、石家庄等地举办多次展览，社会影响非常突出。

空间资讯

地　　址：北京市平谷区渔阳岳各庄大桥西
电　　话：13701125933
开放时间：周二至周日 9:00—16:00

阅谷浮生6号
综合文化活动中心

空间看点

01
废弃工厂改造

02
集借阅、售卖、交流功能于一体

03
分区阅读推动阅读习惯养成

空间资讯

地　　址：北京市平谷区北二环西路阅谷浮生6号院
电　　话：010-69985616
开放时间：8:30—20:30

大院、砖墙、钢结构、机械、书籍的碰撞。阅谷浮生6号院成立于2018年秋天，由废弃工厂改造，占地8000平方米。集学习、阅读、运动、休闲于一体，配套设施有安特思库成长馆、儿童体能训练馆、阅谷浮生图书馆、半日闲餐厅、室外运动场等。院内设有平谷区图书馆阅谷浮生分馆，于2018年开放。

图书馆占地1200平方米，馆内设置阅读分区：共享区（分享书籍，共同探讨书中内容，以理解归纳、表达交流）、扶贫区（捐献书籍，参与社会公益，学会爱他人，珍惜生活）、公益讲堂区（招募志愿主讲人，教授或分享自己的心得）、老人传讲区（给老人一些年轻的空间，给孩子一些经年的故事）、行为强制区（放下手机，拿起一本书）。

优丫漫绘本艺术生活馆
在漫画王国里爱上阅读

空间看点

01

区内首家绘本艺术生活馆

02

收藏国内外经典绘本

03

漫画王国

空间资讯

地　址：北京市平谷区万德
　　　　福广场17号楼2
　　　　单元1601室
电　话：010-89981088
　　　　13717716018
开放时间：9:00—21:00

优丫漫绘本艺术生活馆是平谷区首家绘本艺术生活馆，成立于2018年6月，馆内面积约230平方米。生活馆由南京兰可琪文化传播有限公司与江苏卫视优漫卡通联手打造，以"为孩子打造一份不可复制的美好"为品牌目标，专注于儿童阅读教育文化的研发和推广。生活馆的核心理念是：让绘本温暖孩子，让阅读无处不在。通过阅读培养孩子的记忆力、观察力、想象力、创造力、表达力等各项能力，激发孩子的潜能和情感。

馆内集亲子阅览区、多媒体教学区、游乐区、办公区为一体。以收藏国内外经典绘本为主，同时配备早期儿童教育书籍，藏书丰富，品种多而齐全，俨然一座小型的主题图书馆。室内设计具有安全性、益智性、趣味性，能够激发儿童的阅读兴趣和创造力，让他们乐于在这样的环境中阅读。

253

糖果书屋

生态涵养发展区·怀柔区

怀柔区是北京市市辖区，地处燕山南麓，位于北京市东北部。东邻密云区，南与顺义区、昌平区相连，西与延庆区搭界，北与河北省赤城县、丰宁县、滦平县接壤。城区距北京东直门50千米，全区总面积2122.6平方千米。2014年APEC会议在怀柔区雁栖湖举行，2015年怀柔区被评为国家卫生城市（区）。

◎怀柔区图书馆
◎怀柔区新华书店
◎糖果儿书屋
◎HiMaMa亲子庄园·森林图书馆
◎雨枫书馆·怀柔店
◎望怀社区图书馆

怀柔区图书馆

雁栖湖边的公共图书馆

空间看点

01

书香怀柔

02

全民阅读示范基地

03

配套的报告厅可进行小型演出、讲座等活动

空间资讯

地　　址：北京市怀柔区富乐大街8号
电　　话：010-89688206
开放时间：夏季开馆时间
8:30—18:00
晚自习室时间
18:00—20:30
冬季开馆时间
8:30—17:30
晚自习室时间
17:30—20:30

怀柔区图书馆成立于1979年11月，空间面积达7345.14平方米。它是怀柔区唯一的综合性公共图书馆，也是怀柔区文献信息收藏和服务中心、文化信息资源共享工程区级分中心、北京市少儿科普阅览中心怀柔分中心、北京社会科学普及基地、北京市青少年学生校外活动基地和北京市中小学生社会大课堂资源单位，是首都文明单位。怀柔区图书馆依托馆藏资源，为本地区党政机关、企事业单位提供信息咨询和专题服务，为广大读者提供纸质图书和电子图书借阅服务。

怀柔区图书馆内设有办证咨询部、图书外借部、资料阅览部等13个部门，配套的报告厅可进行小型演出、讲座等活动。怀柔区图书馆全年365天开放，并实行免费服务，每天开馆9小时以上。截至2018年底，馆藏纸质图书78.9万册、视听文献0.53万件、电子资源40.27TB，订阅当年报刊1000余种；同时积极运用现代信息技术与数字阅读技术，为读者提供多样化的服务，馆内实现了百兆网络带宽接入和无线网络全覆盖；购置了《国学宝典》《云图有声数字图书馆》等多种数字资源；建立了怀柔区地方文献数据库；配置了触摸屏电子读报机和电子书借阅机等设备；开通了图书馆网站、微博、微信公众服务号，推出了"怀柔图书馆"手机App。

怀柔区新华书店

繁华闹市中的阅读港湾

空间看点

01

购物中心里的阅读港湾

02

政治读物专题展台

03

设有"一带一路"会议期间主题图书展

空间资讯

地　　址：北京市怀柔区府前街 14 号京北大世界四层西侧
电　　话：010-69657505
　　　　　010-69644059
开放时间：9:00—21:00

怀柔区新华书店是一家店中店，位于怀柔区物美京北大世界的四层西侧，占地 1000 平方米。其为繁华闹市中一处宁静的阅读体验港湾，以售书为主，是一家品类齐全的综合性书店。新华书店是党的宣传阵地，在国家重要会议期间设立政治读物专题展台、展架；并配合国家重要活动，设立专题图书展。书店还准备了小方凳，方便读者坐下来享受阅读乐趣。

糖果儿书屋
复合型阅读空间设计

　　糖果儿书屋于 2018 年 3 月 24 日开业，经营面积 640 平方米，是集图书、咖啡、简餐、文创、工艺品于一体全业态的公共阅读空间，设有座位数 100 席。2019 年 5 月升级为怀柔书城，扩建至 1500 平方米。

　　书城整体设计采用归本主义风格，打破传统书店以书物为主的空间布置，把大量有生命体的元素加入书城当中。当书与这些有生命的物种融为一体时，传递了书也是蕴涵着生命的信息，书传递的是知识与文化，它需要人们像爱护生命一样爱护书、爱上书。读者还可参与"换掉陈书，获得新知，旧书交换，循环阅读"的旧书换购活动。

　　书城设有独立的舞台区域，为各种诵读比赛、读书分享会、文化学习提供了便利的交流空间。书城的独立儿童区

01
复合型阅读空间

02
咖啡水吧

03
图书换购等特色活动

空间看点

是孩子们最喜欢的阅读空间,"读而优"儿童阅读培训的入驻,对孩子们阅读质量的提升起到了极大的推动作用。书城荣获第十一届怀柔区全民阅读活动——"领读者阅读推广组织"荣誉称号。

空间资讯

地　　址：北京市怀柔区青春路 15 号一层
电　　话：010-69621315
开放时间：9:00—21:30

HiMaMa 亲子庄园 · 森林图书馆
山谷中的自然亲子阅读乐园

　　HiMaMa 亲子庄园·森林图书馆位于山谷中，山谷一侧为慕田峪长城，透过玻璃幕墙可见长城的敌台烽燧，山谷另一侧为神堂峪自然风景区。森林图书馆馆藏千册英文原版绘本，以及"牛津阅读树"系列（Oxford Reading Tree），通过分级阅读，每个孩子都可以找到适合自己的读物。

　　图书馆位于山谷中，有丰富的动植物资源，馆藏图书中 15% 为自然教育主题经典作品，孩子可以带着书本到后山识别昆虫。两层玻璃结构的图书馆，搭建出阳光、山色、烽燧一体的阅读空间。孩子可以从二层取完图书后，乘滑梯滑下。这里也是亲子活动、主题活动策展空间，每天都有老师组织自然主题活动。

空间看点

01 馆藏千册英文原版绘本

02 山谷中的自然亲子乐园

03 自然主题活动丰富

空间资讯

地　　址：北京市怀柔区雁栖镇莲花池村138号 HiMaMa亲子庄园内

电　　话：13691002771

开放时间：9:00—21:00

雨枫书馆·怀柔店

新型阅读空间

空间看点

01

茶香与墨香

02

女性阅读

03

商场里宁静的阅读环境

空间资讯

地　　址	北京市怀柔区南大街20号
电　　话	18519256219
开放时间	周一至周日 9:30—21:00

　　雨枫书馆创建于2007年，是国内首家会员制书馆。2017年底，雨枫书馆进驻怀柔，全力打造沙龙、图书、艺术体验、咖啡、简餐全新多维阅读空间。在青春万达广场七层、不到100平方米的雨枫书馆带有家庭书房的温馨感，很多书下面都精心贴上了导览语，而且全部是一笔一画手写而成的。

　　雨枫书馆·怀柔店在都市一隅构造了别致的阅读环境，温馨雅致，舒适宁谧，有好看的书，有好看的电影，有兴趣相投的书友和各种关于阅读的话题。

望怀社区图书馆
基层社区阅读的有效管理和活动实践案例

空间看点

01 阅览室与社区议事厅巧妙结合

02 多功能社区综合服务空间

03 分年龄段的读者社群管理

空间资讯

地　　址：北京市怀柔区东关一区8号
电　　话：010-69657747
开放时间：9:00—17:00

望怀社区地处怀柔区东南角，辖区面积0.26平方千米。辖区内拥有怀柔五中、司法局等社会文化教育资源，辖区内有8家行政单位和企业，为开展社区建设提供了充足的社会资源和广阔的工作舞台。望怀社区通过整合、调整，现有社区图书馆功能及布局，打造社区图书馆全新模式，全面改善社区基层基础设施，使老社区焕发出勃勃生机。社区将益民书屋阅览室和社区议事厅进行了巧妙结合，图书室组织者还根据不同年龄段的阅读人群建起四个微信群，形成了基层社区阅读的有效管理机制。

WE READ TO KNOW WE'RE NOT ALONE

MUCH SO TALK

SISYPHE BOOKS

A BOOKSTORE IS NOT A LUX

生态涵养发展区·密云区

密云区隶属北京市，地理坐标西起东经116°39′33″，东至117°30′25″，东西长69千米；南起北纬40°13′7″，北至40°47′57″。位于北京市东北部，属燕山山地与华北平原交接地，是华北通往东北、内蒙古的重要门户，故有"京师锁钥"之称。

2014年，辖区面积2229.45平方千米，是北京市面积最大的区。截至2014年，户籍人口43.3万（常住人口47.8万），辖17个镇、2个街道和1个乡（地区办事处）。2014年，实现地区生产总值211.9亿元，比2013年增长7.6%。2009年12月，被国家人口计生委评为"全国计划生育优质服务先进县"；2010年5月，被国家教育部评为"全国阳光体育先进县"；2011年11月，被国家科技部评为"全国科技进步先进县（市）"。

◎密云区新华书店
◎密云区图书馆
◎密云区图书馆溪翁庄镇分馆
◎西西弗书店·密云万象汇店
◎书香校园·密云二小&白檀书院

密云区新华书店

农村图书发行先进单位

空间看点

01 文明服务

02 交通便利

03 图书品种齐全

空间资讯

地　　址　北京市密云区鼓楼南大街 2 号
电　　话　010-69044237
开放时间：8:30—20:30

经营品种齐全，服务质量有保证，有浓厚的文化氛围，交通便捷。密云区新华书店建于 1949 年，营业面积达 2335 平方米。东门店建于 2002 年，营业面积为 2100 平方米。

1999 年被原北京市新闻出版局、北京市书刊发行业协会授予"服务三农"全国农村图书大联展下乡流动供应奖。2000 年被原新闻出版总署评为全国农村图书发行先进单位。2006 年被原北京市新闻出版局评为正版保护示范单位。2008 年被首都精神文明建设委员会评为"首都志愿奥运好团队"称号。2012 年被原国家新闻出版广电总局有关部门及中国书刊发行业协会评为 2011—2012 年度出版物发行行业"文明店堂"。2015 年被"书香中国·北京阅读季"领导小组办公室评为第五届"书香中国·北京阅读季"优秀合作机构奖。

密云区图书馆
综合性公共图书馆

空间看点

01
密云第一家街道图书馆

02
设备先进，藏书丰富

03
优秀社区图书馆

空间资讯

地　　址：北京市密云区鼓楼东大街31号
电　　话：010-69043403
开放时间：8:30—17:30

成立于2012年的密云区图书馆，是区委区政府实施绿色国际休闲之都发展战略的重点工程，也是密云区文化设施的重要标志。作为国家级"一级图书馆"，密云区图书馆是本区唯一的综合性公共图书馆，也是市级爱国主义教育基地、北京市少儿科普阅览分中心、首都图书馆"生态保护"专题资料分馆、全国文化信息资源共享工程区级分中心。

全馆藏书76万余册，涵盖文学、自然科学、社会科学等各大类。其中，少儿阅览室藏书近4万册，期刊阅览室订阅期刊80余种，地方文献室收藏密云区文献400余册，能够满足密云区不同读者需求。图书馆常年开展文化志愿者服务、少儿读者活动及阅读推广活动等。2018年以来，以"诵读密云"为特色开展的群众性诵读活动，社会反响强烈。

密云区图书馆溪翁庄镇分馆
水库畔的小镇图书馆

空间看点

01
密云第一家街道图书馆

02
设备先进，藏书丰富

03
优秀社区图书馆

空间资讯

地　　址：北京市密云区溪翁庄镇政府南侧镇文体中心一层（313省道环湖路京溪小区附近）
电　　话：15101608868
开放时间：8:30—17:00（法定节假日除外）

　　密云区图书馆溪翁庄镇分馆位于密云区水库畔，风景优美，空气清新。馆内有图书室、阅览室、电子阅览室等多个功能室，共计30个阅览座席，能够满足附近居民阅读需求。室内设计朴实实用，藏书种类多，尤其是针对农村地区群众阅读习惯，侧重于种植类农业书籍的馆藏。

西西弗书店·密云万象汇店
优雅的阅读环境与高质量的选书品种

空间看点

01
饱含文化精神理想

02
阅读体验式书店

03
演讲会、读书会、生活荟、签售会

空间资讯

地　　址：北京市密云区顺密路与水源路交叉口华润万象汇购物中心一层
电　　话：010-69070970
开放时间：周五、周六
　　　　　10:00—21:30
　　　　　周日至周四
　　　　　10:00—21:00

西西弗书店是全国性主题体验连锁精致书店，以"参与构成本地精神生活"的价值理念，努力成为城市阅读的推动者。西西弗的空间以"park书店""矢量咖啡""不二生活""七十二阅听课"等子空间品牌与万象阅读、阅读主张、主题关注、百感交集等功能性空间板块组合而成。密云万象汇店温馨舒适的光源、人性化的贴心设计，可阅读、可留言、可沟通，加上专业买手团队打造的产品运营体验，使书店成为读者精神休息的优享之选。

西西弗书店·密云万象汇店积极为读者搭建文化交流平台，以多形式的演讲会、读书会、生活荟、签售会等主题文化活动，为读者带来更多元的阅读体验空间和交流的机会。

书香校园·密云二小&白檀书院

从小"唤醒"心中爱读书的自己

北京市密云区第二小学的前身是"白檀书院",始建于明朝万历二十二年(1594年),重建于清朝道光十三年(1833年),"恕、慎、诚、敬、俭、让、勤、恒"的古老校训激励着一代代学子。2012年被评为北京市首批33所百年老校之一。学校先后被评为北京市示范校、窗口校;被第29届奥林匹克运动委员会、教育部、北京市人民政府命名为"奥林匹克教育示范校";先后获数十项国家、市、县级荣誉称号。学校注重通过阅读提升素养,结合学校"唤醒"阅读工程,建立研究室和导师带教小组教师的读书结构,阅读不同的书籍,召开读书交流会。

"唤醒"阅读工程的理念是"阅读涵养心灵,阅读唤醒人生""爱读书就是爱自己",学校在每个学期送给学生一册图书。学校每个班都设有书柜,图书馆藏书已达20000册。全校近2000

01	02	03	空间看点
前身为白檀书院	"唤醒"阅读工程	爱读书的示范校	

名学生，90%以上的学生坚持每个月阅读打卡不间断。学校各图书角风格各异：欧式图书角里《世界通史》等图书与希腊式圆柱相衬，四大名著图书角则是庄重大气的古典风。孩子们最爱的阅览室宛如童话世界，波浪形的书架倚墙，好像要带他们到知识海洋里远航。

空间资讯

地　　址：北京市密云区鼓楼通城胡同
电　　话：010-69043689
开放时间：周一至周五 8:00—17:00

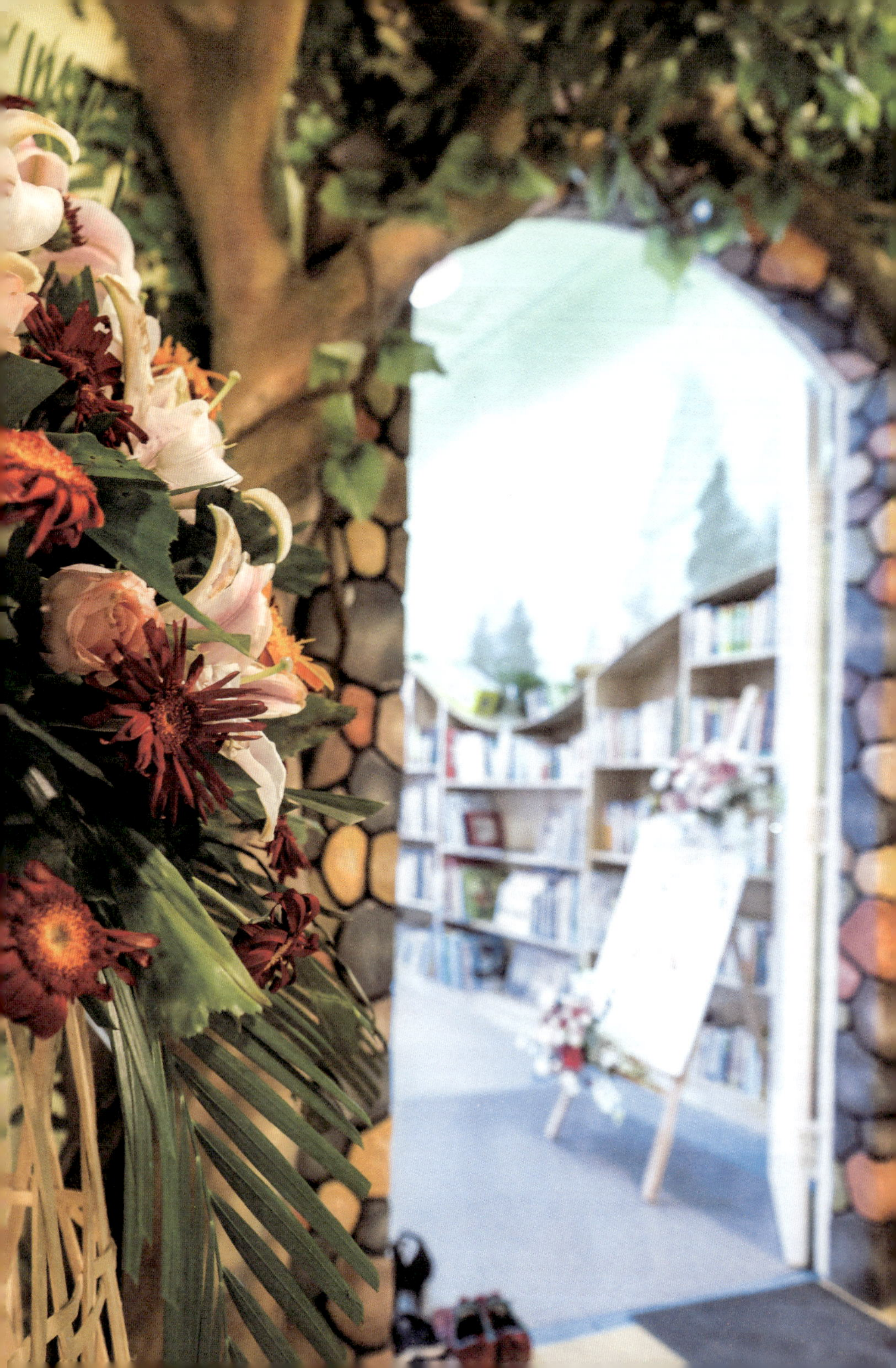

生态涵养发展区·延庆区

延庆区隶属北京市，地理坐标位于东经 115°44′~116°34′，北纬 40°16′~40°47′。地处北京市西北部，东邻怀柔区，南接昌平区，西与河北省怀来县接壤，北与河北省赤城县相邻，城区距北京德胜门 74 千米。平均海拔 500 米以上，气候独特，冬冷夏凉，素有北京"夏都"之称。辖区面积 1993.75 平方千米。截至 2016 年，户籍人口 284233 人（常住人口 32.7 万人）。辖 3 个街道、10 个镇、4 个乡。

2016 年全区实现地区生产总值 1175476 万元，按不变价计算比上年增长 7.8%。2013 年 9 月，北京延庆地质公园入选联合国教科文组织世界地质公园网络名录，被授予"中国延庆世界地质公园"称号。2016 年 12 月 7 日，延庆区被列为第三批国家新型城镇化综合试点地区。2018 年 12 月 12 日，被命名为第二批"绿水青山就是金山银山"实践创新基地。

◎ 延庆区图书馆
◎ 年轻书店
◎ 延庆区东桑园益民书屋
◎ 温泉南区东里社区图书室
◎ 延庆区新华书店
◎ 悠家亲子成长空间

延庆区图书馆
平台化服务的文化中心

延庆区图书馆位于延庆城区中部偏北，与文化馆、新华书店、博物馆、档案馆共同组成文化中心，自成一区。2008年12月1日对外开放，并正式加入北京市公共图书馆计算机信息服务网络，实现北京市公共图书馆的联合借阅即"一卡通"服务。2012年10月，延庆县图书馆实现与全市公共图书馆联盟的通还服务，即加入北京市图书馆联盟，从而全面实现了图书馆的自动化管理，获得一级图书馆荣誉。

图书馆全方位开展多种形式的全民读书活动，以共享工程、基层图书室、"妫川文化大讲堂"为平台，每年创意多项阅读推广主题活动，如专题讲座、展览陈列、放映影片、发放宣传资料等，并给残障人士、打工子弟学校、农家女书屋等机构和人群赠书等。

01
多种阅读推广活动

02
社会信息资源管理

03
实现与全市公共图书馆联盟的通还服务

空间看点

空间资讯

地　　址：北京市延庆区妫水北街16号
电　　话：010-69104546
开放时间：夏季 8:30—16:30
　　　　　冬季 8:30—18:00

年轻书店

年轻是一种态度

空间看点

01
奖励机制养成阅读习惯

02
每月主题读书活动

03
设立文创创意基金

空间资讯

地　址：北京市延庆区延庆镇东外大街 111 号 2 幢 1 层 16 号（中踏商场一层）
电　话：13426153405
开放时间：9:30—20:00

　　年轻书店坐落在延庆中心地区的中踏商场一层，周边有县城大型绿地广场——妫川广场，主题雕塑公园——夏都公园，集地质科普知识、延庆地质遗迹、自然与人文景观于一体的延庆地质博物馆，国家级爱国主义教育基地——平北抗日战争纪念馆等。

　　书店设立每月读书主题，共同交流读书心得，设立读书奖励，设立文创创意基金，鼓励文创创意实现产品化转化。通过创意团队合作、小资本对接、制作团队合作等，让文创创意产品化、商品化和商业化。

延庆区东桑园益民书屋
村里飘满书香的文化大院

空间看点

01
文化大院

02
北京第一家农家书屋

03
五星级

空间资讯

地　　址：北京市延庆区大榆树镇东桑园村文化大院
电　　话：13716768905
开放时间：8:30—11:30
　　　　　14:30—16:30

2008年4月，东桑园益民书屋成为北京市首家"五星级"书屋。书屋还荣获"全国服务农民服务基层文化建设先进单位"荣誉称号，东桑园益民书屋的管理经验在全国推广。截至2018年，东桑园益民书屋存书量达到15000册，实现了无纸借阅。东桑园益民书屋也是全国服务农民服务基层文化建设先进单位，是全国读书益民工程在农村的重要发源地，更是新农村建设成果的重要体现。

温泉南区东里社区图书室
阅读示范社区

空间看点

01
阅读示范社区

02
指导居民阅读

03
开展主题征文比赛、影片展演、演讲比赛等

空间资讯

地　　址：北京市延庆区格兰山水6号楼居委会
电　　话：010-69175737
开放时间：周一至周五
　　　　　8:00—12:00
　　　　　14:00—17:30

延庆区温泉南区东里社区作为2015年北京阅读季的阅读示范社区之一，这里的阅读基础可不容小觑：社区拥有2000平方米活动室、120平方米的益民书屋，现有图书2000余册，还配有网络阅览室。社区图书馆80平方米，可同时容纳70人进行读书活动。平时还有专职的阅读推广人，指导居民如何选择、阅读优秀的书籍。

图书室经常组织社群居民开展读书沙龙交流会，陪同行动不便的居民共同阅读、学习，还举办法律普及活动，开展主题征文比赛、影片展演、演讲比赛等。

延庆区新华书店
为延庆区群众文化生活提供有益的精神食粮

空间看点

01
延庆文化中心

02
文化体验消费平台

03
主题读书会、讲座、沙龙

空间资讯

地　　址：北京市延庆区妫水北街22号
电　　话：010-69101053
开放时间：8:30—19:30

延庆区新华书店有着温暖的阅读空间以及轻松舒适的阅读环境。升级改造后，增设了阅读休闲区，把卖场打造成集书香、咖啡香、茶香于一体的文化产品体验、休闲、消费的综合平台，彻底打破读者对传统书店的认识，让人们在安静、祥和、优雅的环境中阅读、交流、聚会，享受读书带来的乐趣。空间还设置了50平方米的儿童阅读空间，并组织了主题读书会、讲座、沙龙，为孩子们营造一个梦想的空间。

悠家亲子成长空间

专业亲子绘本阅读馆

悠家亲子成长空间（延庆悠贝亲子图书馆旗舰馆）是延庆首家以阅读为载体，集亲子阅读指导、课程、主题派对、故事会、亲子游、父母沙龙、儿童微剧等为一体的高端亲子场所，内设中央空调、Wi-Fi、轻音乐、自助茶饮、主题阅读区、家长休息学习区、主题教室等设施，意在打造一个家长、孩子均能自主学习、放松、阅读的成长空间。

01 专业亲子阅读机构

02 课程、派对、沙龙、微剧等多种活动

03 轻音乐、自助茶饮

空间看点

空间资讯

地　　址：北京市延庆区绿韵广场东2楼201
电　　话：010-69189196　15810463579
开放时间：周一、周二闭馆
　　　　　周三至周五
　　　　　9:30—13:00，15:30—19:30
　　　　　周六、周日 9:00—19:30

北京阅读空间漫游指南（2019—2020）

PART FIVE
北京经济技术开发区

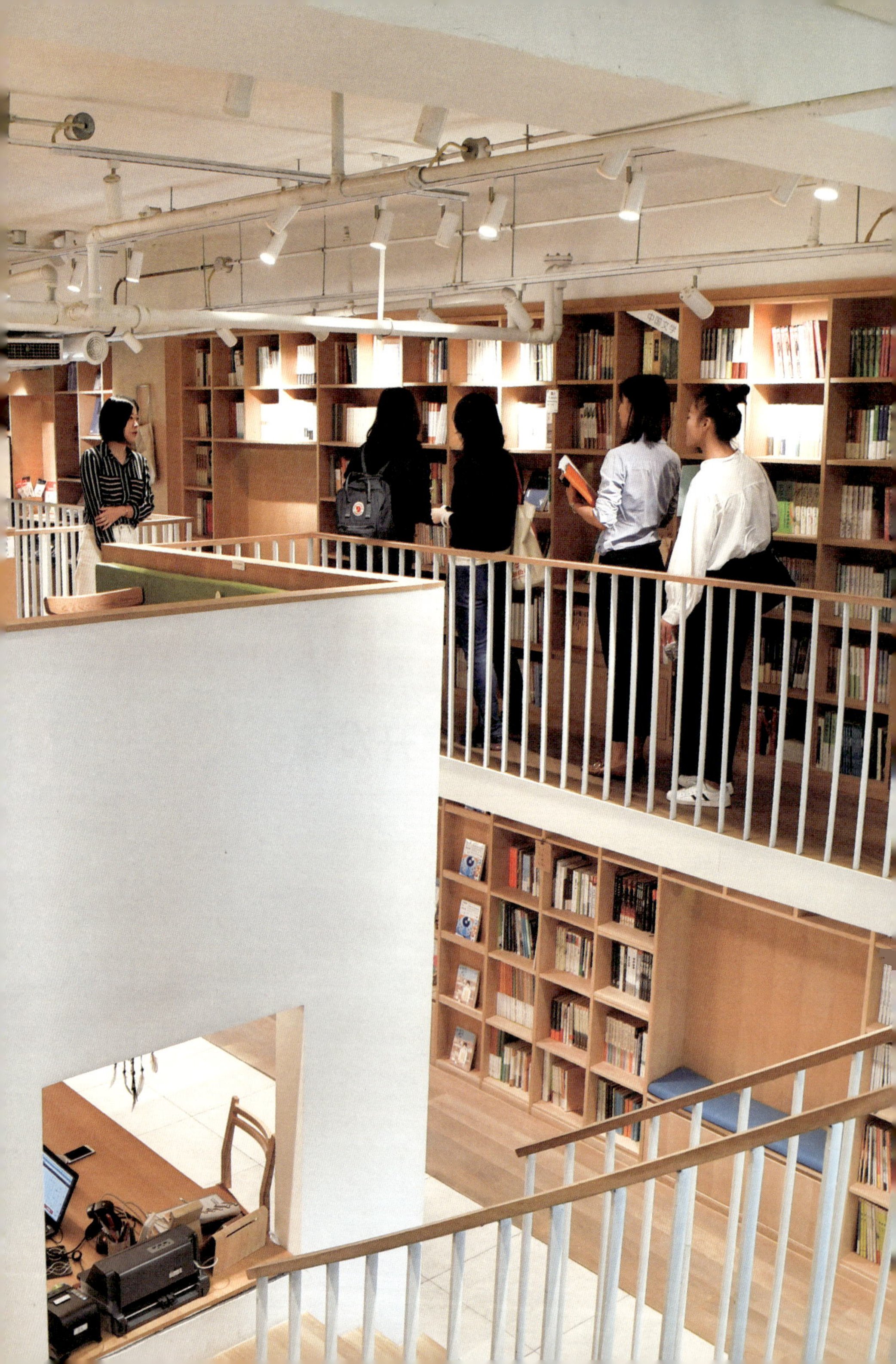

北京经济技术开发区

北京经济技术开发区位于中国北京亦庄地区，属明清时期北京城皇家园林南苑境内。这是北京市唯一一处同时享受国家级经济技术开发区和国家高新技术产业园区双重优惠政策的国家级经济技术开发区。北京经济技术开发区于1992年开始建设。1994年8月25日，被国务院批准为北京唯一的国家级经济技术开发区。1999年6月，经国务院批准，北京经济技术开发区范围内的七平方千米被确定为中关村科技园区亦庄科技园。2007年1月5日，北京市人民政府批复《亦庄新城规划(2005~2020年)》，明确指出以北京经济技术开发区为核心功能区的亦庄新城是北京东部发展带的重要节点和重点发展的新城之一。

北京经济技术开发区总体规划总面积为50.8平方千米，由科学规划的产业区、高配置的商务区及高品质的生活区构成，是北京重点发展的三个新城之一，定位为京津城际发展走廊上的高新技术产业和先进制造业基地，并承担"疏解中心城市人口"的功能、"聚集新的产业，带动区域发展"的重任。2018年12月，北京经济技术开发区荣获2018年国家级经济技术开发区综合发展水平考核评价第四名。

◎北京经济技术开发区图书馆
◎金风大学图书馆
◎北汽新能源·SEED思·享空间
◎绘本乐园
◎木荟书店

北京经济技术开发区图书馆

学校图书馆的 2.0 进化模式

　　北京经济技术开发区图书馆也是开发区内高职院校北京电子科技学院图书馆，成立于 2015 年 10 月。图书馆秉承"开放融合、服务社会"的理念，是区域先进文化的辐射源、学习型城市的策源地、公众学习休闲的目的地和科技创新主阵地的重要标志。图书馆建筑面积 2.2 万平方米，阅览座位 1800 余个，纸质藏书 110 余万册，中外期刊 1300 余种，数字化资源库 30 余种。同时开展丰富的全民阅读活动，为开发区民众提供文化服务。

　　截至 2018 年 7 月 31 日，累计为开发区读者办理读者卡 20641 张，接待开发区读者入馆近 30 万人次，借还图书 10 万余册。图书馆每年面向开发区民众开展各类文化活动、阅读活动、培训和讲座等 50 余场，参加人次累计达 10 余

01
区校联合

02
开发区中心图书馆

03
藏书丰富，环境舒适

空间看点

万人次。作为开发区目前面积最大、藏书量最多的图书馆，除种类丰富的书籍和每层舒适宽敞的阅读空间外，馆内还设有电子书、有声书、读报机，并每月更新内容，同时实现Wi-Fi全覆盖，供读者免费下载。读者只需持本人有效身份证办理借阅证后，就能进馆借阅图书。

空间资讯

地　　址：北京经济技术开发区凉水河一街9号
电　　话：010-87220706
开放时间：周一至周五 8:00—21:00
　　　　　周六、周日 10:00—18:00
　　　　　春节假期闭馆

金风大学图书馆

企业的空间设计中浸透着爱读书的灵魂

空间看点

01
企业图书馆

02
阅读氛围浓厚

03
环境优雅

空间资讯

地　址：北京市大兴区博兴一路8号
电　话：010-67511888
开放时间：9:00—17:00（工作日）

金风大学图书馆作为金风科技知识共享平台重要载体之一，面向全员进行知识分享，并帮助企业成为最佳学习型企业。金风大学图书馆现有藏书10000余册，秉承传统，革故鼎新，锐意进取。在使命的指引下，实践"开放、学习、励志、创新、求实"的价值观。

金风大学图书馆室内环境优美，馆内配备了免费自助咖啡机，集成借书、阅览、小型会谈、休闲等功能于一体，并开通线上借阅，以及现场自助借阅，为广大员工提供广阔的阅读空间。并搭建了各种阅读平台，不断创新，开设和举办各类的阅读活动，使公司沉浸在浓厚的阅读氛围之中。

北汽新能源·SEED 思·享空间

上下班途中总要来翻翻

空间看点

01
职工书屋

02
共享共建

03
蓝谷文化小阵地

空间资讯

地　　址：北京市亦庄经济开发区东环中路5号北汽新能源中国蓝谷

电　　话：400-650-6766
　　　　　13552849060

开放时间：周一至周五
　　　　　9:00—17:30

　　北汽新能源·SEED 思·享空间为北汽新能源职工书屋，现有藏书1392册，服务蓝谷园区内2700余名职工。空间运营秉持"共享共建"的理念，由专职管理员与员工志愿者共同运营维护，书屋内藏书多为政府机构捐赠与员工捐赠。

　　空间内展陈内容不定期更新主题，2018年第一季度的主题是"致敬诺基亚"，第二季度主题更新为"学习贯彻习近平新时代中国特色社会主义思想"。该空间是以习近平新时代中国特色社会主义思想武装蓝谷的每个角落的具体表现，是北汽新能源坚持党建引领的红色阵地与文化传播的窗口。

绘本乐园

让印刷艺术的光华留住每个孩子的笑脸

空间看点

01

老印刷厂里的少年儿童阅读体验中心

02

专业绘本推广

03

缤纷小舞台

空间资讯

地　　址：北京市亦庄经济技术开发区东区经海三路18号盛通印刷北侧

电　　话：010-67887770

开放时间：10:00—19:00

　　绘本乐园是盛通股份旗下的儿童阅读推广品牌，拥有开发区最大的少年儿童阅读体验中心，占地面积500平方米，现有儿童图书10000余册，也是区内绘本推广的文旅结合示范单位。场馆由绘本和儿童文学界权威资深人士与国际儿童心理学专家倾力打造，馆内拥有学龄前阅读区、学龄阅读区、图书推荐区、儿童文学与百科区，还设有小舞台、经典动画放映厅、乐高房等游乐设施。

　　场馆更发展为中国绘本创作者、知名阅读推广人的聚集之地。绘本乐园致力于帮助关爱孩子成长的父母，全面提升0~12岁儿童的阅读能力，使其建立终身学习的习惯。在这里，人们可以鼓励孩子通过阅读来了解、探索世界，通过亲身体验与创作，开启缤纷多彩的人生。

木岺书店

徘徊于文字，流连于自我

空间看点

01

家庭感日式阅读沙龙

02

青山周平设计

03

共享阅读空间

空间资讯

地　址：北京市文化园西路林肯公园2期16号楼2楼
电　话：13810520262
开放时间：周一至周日 10:30—20:30

　　木岺书店于2016年开业，以社区化、共享阅读为目标，致力于为开发区周边的社区居民以及爱好阅读的朋友，提供一个舒适的个性化的阅读空间。书店提供租阅服务，也鼓励读者们分享彼此的闲置图书。

　　木岺书店以书店为平台，组织了阅读活动、创意市集、一起看电影、一起做手工，以及儿童节的各类线下活动，为丰富读者们的文化生活提供了更多的选择。原木色和白色搭配的两层通透空间，出自著名的日本设计师青山周平之手。一层中庭的长桌供多人阅读和休息，面对着窗外的沙发椅则更安静惬意。书架中间隐藏的嵌入式软座也让看书入迷的人能随时坐下来，不受干扰。青山周平遵循店主Susie理想的书店样子——要像家里的书房，所以这里没有传统的收银台和吧台，活动展示柜都设计了家庭化的抽屉，书柜也摒弃了大型书店长条形的分隔，改为小方块展示。

后记及鸣谢
POSTSCRIPT AND ACKNOWLEDGEMENT

从阅读空间出发"漫游"北京

近年来,逛书店的行为越来越普遍,甚至成了一股潮流,通过各类阅读空间,城市的人文风貌也有了很大程度的改善。带着指南到书店或图书馆进行漫游,实质到底是什么?借用社会学家约翰·尤瑞(John Urry)的话,"旅游是人们对异己生活的追求"——在阅读空间的流连也是读者带着精神追求在现实世界里的一次出游。人们内心有一种潜在的欲望,在一个地方待久了就渴望去感受其他地方的真实生活。对于久伏于电脑前工作的城市上班族,去逛书店,去到阅读空间里凝视书目,也是一种"其他地方的真实生活"。

迪恩·马康纳(Dean MacCannell)在1973年指出了"舞台的真实性"(Staged Authenticity)。他将视野投向了文化中的"真实"问题,延续了尤瑞对于人们"漫游"的探讨。他说现代人接触的这类文化商品,就像舞台剧一样,作品来自生活却又不同于生活,给人们展示的是一种极具张力和扩张性的美感。

或许我们可以像马康纳"舞台的真实性"理论一样,将北京各处的阅读空间分为前方和后方,前方是展现给读者和游客的,而后方是这座城市真正的文化内涵。阅读空间的各种设计是基于后方传统、习俗、民风，用创造和艺术的视角加以改变，形成易于被广大群众接受并乐于接受的一种具有舞台表现力的文化形式。而其真实性，也是这本册子出版的初衷，是这座城市里确确实实有一群爱读书的人，他们都怀着一颗藏不住的爱读书的心。

这一本阅读空间漫游指南集合了许多爱书人的智慧和耐心。本书在成书过程中，得到了中共北京市委宣传部、北京市广播电视局、书香中国·北京阅读季领导小组办公室、北京各区委宣传部、各区文化和旅游局、各区图书馆、各阅读空间等相关部门单位的关怀与帮助；得到了北京联合出版公司的鼎力支持；特别要感谢大阅文化的同事，感谢张佳怡、王欢、郭潆琨、沈建丽、李亚峰、张伟、张黎姣，他们为本书的编写付出了艰辛的努力；感谢朱有琛、张晓楠、鲁楠青、王国栋、张媛媛、杨子湘、赵坤、肖彦青、吕利娜、粟巧玲等同事的大力协作，特此向他们致以诚挚的谢意！

本书中的部分文字介绍和图片由各阅读空间提供，得到了许多企业负责人和一线员工的大力支持，在此向他们表示由衷的感谢。由于时间仓促及编者水平有限，书中不足之处，诚请广大读者指正，特驰惠意。

图书在版编目（CIP）数据

北京阅读空间漫游指南（2019—2020）/ 刘颖主编．—北京：北京联合出版公司，2019.8

ISBN 978-7-5596-3046-9

I. ①北… II. ①刘… III. ①书店—介绍—北京 IV. ①G239.23

中国版本图书馆 CIP 数据核字 (2019) 第 056384 号

Copyright © 2019 by Beijing United Publishing Co., Ltd.
All rights reserved.
本作品版权由北京联合出版有限责任公司所有

北京阅读空间漫游指南（2019—2020）

作　者：刘　颖◎主编

　　　　潘启雯　杨俊康◎执行主编

　　　　徐佳星　等◎摄影

出版监制：刘　凯　马春华

选题策划：大阅文化

策划编辑：孟　通

责任编辑：闻　静

版式设计：胡　霞　王国栋

封面设计：王国栋

北京联合出版公司出版
（北京市西城区德外大街 83 号楼 9 层　100088）
北京联合天畅文化传播公司发行
北京利丰雅高长城印刷有限公司　新华书店经销
字数 290 千字　　880 毫米 ×1270 毫米　1/32　9.25 印张
2019 年 8 月第 1 版　2019 年 8 月第 1 次印刷
ISBN 978-7-5596-3046-9
定价：82.00 元

版权所有，侵权必究

未经许可，不得以任何方式复制或抄袭本书部分或全部内容
本书若有质量问题，请与本公司图书销售中心联系调换。电话：（010）64258472-800